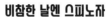

비참한 날엔 스피노자

비참한 날엔
스피노자

Être
heureux
avec
Spinoza

발타자르 토마스 지음
이지영 옮김

자음과모음

차례

모든 철학자에게는 두 명의 철학자가 있다.
자기 자신과 스피노자다.

— 앙리 베르그송

이 책은 여느 철학책과 좀 다르다. 철학은 언제나 야심만만하게도 우리가 어떤 존재인지를 이해하도록 함으로써 우리 삶을 좀 더 향상시키려고 했다. 그러나 대부분의 철학 서적은 특히 진리 문제에 관심을 기울여왔고, 이론의 토대를 닦는 데 모든 힘을 쓴 나머지 실제로 적용하는 데는 관심을 두지 않았다. 그와 달리 이 책에서는 우리 삶을 바꾸기 위해 위대한 철학에서 끌어낼 수 있는 것에 관심을 기울일 것이다. 일상의 소소한 일들, 우리가 삶을 바라보는 시선과 삶에 부여하는 의미까지 바꿀 수 있도록 말이다.

하지만 자신의 이론을 점검하지 않고 실천 방향을 바꿀 수는 없는 법이다. 행복과 기쁨은 추구할 만한 가치가 있으며, 성찰의 노력 없이는 제대로 작동되지 않는다. 우리는 일부 자기계발 입문서가 베푸는 호의와 쉽게 제시하는 처방을 전해주지 않으려고 애쓸 것이다. 새로운 행동 방식과 삶의 방식에는 언제나 새로 생각하고 자기를 이해하는 방식 또한 포함되게 마련이다. 그리하여 우리는 이렇게 이미 우리 삶을 바꿔주는 생각에서 가끔은 아찔한 기쁨을 발견할 것이다.

이런 이유로 독자들에게 자기 자신에 대해 질문해보라고 권하기에 앞서 몇 가지 개념에 대해 숙고하기를 당부하는 바다. 먼저 자신의 문제를 식별하고 나서 새로운 이론의 도움을 받아 그런 문제를 해석해야 한다. 그러면 결국 구체적인 행동을 통해 문제를 해결할 수 있을 것이다. 우리는 생각하고 느끼고 행동하는 방식을 바꾸고 나서야 비로소 더 넓은 삶의 범위와 삶의 의미에 대해 자문해볼 수 있을 것이다. 그래서 이 시리즈에 포함된 책은 각각 크게 네 부분으로 나뉘어 다음과 같이 진행된다.

I. 진단하기

먼저 해결해야 할 문제를 규정할 것이다. 우리는 무엇으로 고통받고 있으며 인간의 조건을 결정하는 것은 무엇인가? 우리의 방황과 이런저런 착각을 정확히 어떻게 이해할 것인가? 문제를 제대로 파악하는 것만으로도 이미 해결책을 향해 첫발을 내딛은 셈이다.

II. 이해하기

그렇게 명확히 이해하는 데 철학은 어떤 새로운 것을 가져다
줄 것인가? 우리 삶을 장악하려면 어떤 점에서 우리가 이해하
는 방식을 근본적으로 바꾸어야 하는가? 여기에서 소개하는 가
장 혁신적인 철학 명제에 힘입어 독자들은 자기 자신을 새로운
시선으로 바라보게 될 것이다.

III. 적용하기

인간에 대한 이런 새로운 생각은 우리가 행동하고 살아가는
방식을 어떻게 바꾸는가? 이 새로운 철학을 어떻게 일상에 적
용할까? 어떻게 우리 생각이 그 자체로 우리의 현재 모습을 변
형시키는 행동의 양상을 바꾸는가? 여기에서 독자들은 일상에
적용할 수 있는 방법을 발견하게 될 것이다.

IV. 내다보기

끝으로 좀더 형이상학적이고 사변적인 철학 명제를 소개할
것이다. 지금까지 독자들이 일상의 삶을 더 잘 관리할 수 있는
법을 배웠다면, 이제 자신의 존재를 더 분명하게 이해하기 위해

더 전반적인 의미를 발견해야 한다. 앞에 나온 세 장에서는 더 잘 살기 위한 방법과 수단을 가르쳐주었다면, 이제 이 마지막 부분에서 독자들은 삶의 목적, 삶의 궁극적 목적에 관한 질문에 직면하게 될 것이다. 삶의 목적은 세계와 그 안에서 내가 차지하는 위치에 대한 총체적이고 형이상학적인 전망 없이는 규정할 수 없다.

이 책은 읽기 위한 책일 뿐 아니라 행동을 유도하기 위한 책이기도 하다. 각 장마다 제시된 명제에 뒤이어 여러분의 삶에 관한 정확한 질문이 나온다. 수동적인 자세를 취하지 말고 소맷자락을 걷어붙여 여러분의 경험에 대해 질문하고 거기에서 솔직하고 적절한 답을 찾아내라. 구체적인 훈련은 철학의 가르침을 삶에 적용하도록 이끌어줄 것이다. 그와 같은 방식으로 철학의 가르침을 자신의 것으로 만들고, 이런 가르침을 진지하게 실천할 수 있는 적합한 상황을 찾아보도록 노력하라.

여행을 떠날 준비가 되었는가? 놀라운 여행이 될 수도 있고, 때로는 따분하고 때로는 충격을 주는 일면이 드러날지도 모른다. 스스로 안정된 토대 없이 새로운 사고방식 속으로, 그에 따라서 새로운 삶의 방식 속에 내던져졌다고 지각할 용의가 있는가? 17세기 사상가의 여러 관념을 관통하는 이 여행은 또한 자신의 가장 깊은 내면으로 여러분을 데려다줄 것이다. 책장을 넘겨가며 질문과 생각의 고리를 따라 스피노자의 사유가 어떻게 여러분의 삶을 바꿀 수 있는지 발견해보라.

I
진단하기

**정서의
정글에서**

인간의 현실 세계는 무엇보다도 정서에 관련되어 있다. 우리 삶과 함께하는 기쁨, 분노, 기분, 수동적인 정념 등에서 우리 세계는 시작한다. 이런 정서와 함께 이 세계는 발전하고 만들어지고 또 붕괴되기도 하는 것이다. 그런 의미에서 '정서적 삶'과 그 나머지를 서로 다른 것으로 구분하는 것은 잘못되었다. 사실 우리는 눈을 감고 감정을 외면하고자 노력할 수 있다. 정서는 보통 신뢰할 수 없을 뿐 아니라 순간적이고 주관적인 것으로 보인다. 탐구에 집중하기 위해서는 우리 자신과 예민한 감수성에 덜 의존해야 하고 그럴수록 우리의 탐구가 더욱 견고하게 발전할 것처럼 생각하기 때문이다. 그러나 우리는 이때 우리가 행하는 모든 것이 비로 다양한 감정과 함께하고 있다는 것을 보지 못하고 있다. 감정은 우리를 행동하게 하고 방향을 제시한다. 그리고 이런저런 행위의 결과에 대해 보상하기도 하고 벌을 주기도 한다. 수학자로 하여금 계산이 어려운데도 계속해서 연구하게 유도하는 것이 바로 호기심, 수수께끼를 풀었다는 데서 얻는 기쁨과 발견에 대한 긍지 같은 정서*다. 그것은 이를테면 공감과 명예에 대한 욕망이 의사로 하여금 인도주의에 따라 행위하도록 이끄는 것과 마찬가지다. 증권 거래소에서 매매에 임하는 투자자도 역시 이런 정서에 따라 결정하고, 가장 정확하고 공정한 판결을 하려고 노력하는 판사 또한 그렇다.

우리는 정서적 삶에서 결코 도망칠 수 없다. 중립적이며 초연한 이성과 지성만 가지고는 우리 삶에서 판단을 내릴 수 없으며 나를 넘어서는 세계에 대해서도 이해할 수 없다. 그런 이성과 지성 또한 정서이기 때문이다.

물론 정서가 우리를 힘들게 하기도 한다. 그런 감정이 너무 힘든 나머지 무감각해짐으로써 우리 자신을 보호하기를 원할 수도 있다. 그때 우리는 그런 정서를 무시하고 오직 이성만 가지고 살아가기를 더 원하게 될 것이다. 그러나 다행스럽게도 그것은 불가능하다. 현대의 뇌신경학적 발견이 증명했듯이 지성

---

* 'affect(아펙트)'는 감정, 기분 등을 가리키는 스피노자의 용어다. 그것은 말하자면 우리 생명력이 변용된 것이다.

은 정서 없이는 기능할 수 없다. 뇌종양에 걸려 외과 수술로 전두엽을 제거한 환자들이 있다. 그 환자들의 지성은 훼손당하지 않았다. 그러나 뇌수술 때문에 그들은 최소한의 감정만을 느낄 수 있게 되었다. 그들은 과연 정서에서 해방되어 완벽하게 이성적이고 합리적이며 현명하고 지혜로운 자가 되었을까? 그와 반대로 감정의 결핍 때문에 그들은 거의 아무것도 결정할 수 없게 되었다. 가치의 의미와 우선순위에 두어야 할 것의 모든 개념을 잃어버렸다. 우유부단함과 무관심이 남았을 뿐이다. 그들은 좌표를 잃어버린 영혼의 적막한 평원에 남겨졌다. 감정은 때로 우리를 잘못 인도하고 방황하게 하지만 가장 분명한 좌표와 안내원이 되어 우리를 이끌기도 한다. 즉 가장 지성적인 사람이 되기 위해서라도 감정을 외면할 수는 없는 것이다. 바보 같고 미성숙하며 지나치게 넘쳐나는 정서라고 할지라도 우리는 "자, 지금부터 감정이 아니라 이성으로 살자"라고 간단하게 말하면서 지성만으로 감정의 자리를 채울 수는 없는 것이다.

스피노자를 다른 여타 철학자들과 구분하게 해주는 것은 바로 정서에 대한 이런 견해다. 스피노자에게 감정은 배제할 수 없는 원리 중 하나다. 오히려 감정은 우리 자신을 참되게 이해하기 위해 반드시 가장 먼저 고려해야만 하는 요소다.

스피노자는 『정치론』을 다음과 같은 문구로 시작한다.

"철학자들은 우리를 갈등하게 만드는 정서를 인간의 결핍에 의해 생겨난 악이라 생각한다. 그렇기 때문에 철학자들은 정서를 비웃고 한탄하고 비난하게 된 것이다. 그리고 그들은 가장 도덕적으로 보이고 싶을 때 정서를 비하한다."

이것이 인간 정념의 엇나감에 부딪혀 스피노자가 "비웃지도 슬퍼하지도 말고 다만 이해해야 한다"라고 말한 까닭이다. 추상적인 지성의 이해는 간혹 우리를 질식시키고 무릎 꿇게 하는 감정의 격류를 막을 수 있을까? 그렇다. 진정한 이해 또한 감정을 일으키고 그 이해에 따라오는 감정의 더 강한 힘으로 지성이 이해하는 감정을 포용할 수 있기 때문이다.

현명함을 향한 길은 감정에 대한 지성적 이해 혹은 (스피노자가 쓴 것처럼) 정서에 대한 지성적 이해에서 시작한다. 그런 지성에는 두 가지 유형이 있다는 것을 우리는 안다. 첫 번째는 우리에게 문제를 일으키며 우리를 동요시키고 쓰러뜨리며 피폐하게 만드는 것을 이해하게 해주는 지성일 것이다. 두 번째는 불가피하게도 그런 이해가 바로 이해의 대상, 즉 감정이라는 사실이다. 달리 말해 우리는 감정이 불러일으키는 것을 이해하고, 그 이해의 감정은 그 자체로 지성이 된다. 정서에 관련된 우리 삶에 대한 추상적이며 이론적인 이해는 우리가 지향하는 목적이 아니다. 우리의 목적은 지성에 정서를 되돌려주는 것이고 정서에 지성을 되돌려주는 것이다.

이제 우리를 안내할 긴 여정을 시작했을 뿐이다. 목적지에 도달하려면 감정의 메커니즘을 이해해야 한다. 자유와 관념의 본성뿐 아니라 우리와 조화를 이루고 있는 세계의 구조 또한 이해해야 한다. 거기에 이르기까지 우리는 본질적인 질문을 던져야 한다.

짚고 넘어가기

1   당신에게 가장 강한 정서를 떠올려보라. 예컨대 기쁨, 슬픔, 두려움, 욕망……. 무엇 때문에 바로 그런 정서를 떠올리거나 생각하게 되었는가? 승진? 죽음? 이별? 별다른 이유 없이? 당신이 느낀 감정에 깊이 집중하고 그때 어떻게 느끼는지 묘사해보자.

2   당신은 각각의 정서, 그런 정서를 경험하게 된 순간을 색과 연결시킬 수 있는가? 당신이 느낀 것은 파란색, 붉은색, 녹색, 회색 아니면 검은색을 띠는가? 당신이 느낀 것을 더욱 선명하게 지각하려면 어떤 기회를 만들어 각 정서의 이미지를 떠올려보라. 서로 극히 다른 것들을 우리는 매우 자주 경험한다. 정서를 망각하려 하기도 하고 그 정서를 붙잡아 그 안에 잠겨 있으려고 하기도 한다. 그런 경험에서 중요한 문제는 정서를 차분히 관찰하고 정확하게 묘사하는 것이다.

3 그런 정서는 당신의 성찰에 도움이 되는가? 아니면 성찰을 방해하는가? 정서는 당신의 지성을 자극하는가? 아니면 오히려 방해하고 전혀 지성적인 성찰을 할 수 없도록 눌러버리는가?

4 정서를 이해하려는 시도는 어떤 영향을 미쳤는가? 정서를 변형시켰는가? 혹은 그 과정에서 새로운 정서가 생겨났는가?

좋아하는 것을 말해주면
네 상태가 어떤지 알려줄게

우리는 삶에서 사랑이 얼마나 중요한지를 안다. 변화하는 기분과 불확실한 정서는 우리 삶과 분리할 수 없는 것이다. 기분 또는 정서는 때로는 고조되고 때로는 바닥을 친다. 스피노자가 역량이라고 부르는 생명력이 증대할 때 우리는 기쁨을 느낀다. 그 역량이 감소할 때 우리는 슬픔을 느낀다. 그런데 그런 변화는 자주 불확실하고 예측 불가능하다. 아무것도 아닌 일에 격한 반응을 보일 때가 있는 것처럼 기분은 예고 없이 그 방향을 틀어버린다. 그리고 왔다 갔다 하는 정서, 행복함과 좌절감 사이를 오고 가는 정서가 우리를 좌지우지하는 것처럼 느끼기도 한다.

사랑, 정서의 좌표

러시아의 산맥 같은 정서 안에서 헤매기 때문에 우리가 그곳에서 좌표를 찾는다는 것은 놀라운 일이 아니다. 그 좌표에 접근하고 다다르기 위해 우리는 우리에게 기쁨을 가져다주는 것이 분명한 것이기를 원한다.

거기에서 사랑에 대한 스피노자의 간단한 정의가 등장한다.

"사랑은 외부 원인에 대한 관념에 수반하는 기쁨이다."(『에티카』, 3부, 정서에 대한 정의, 6)

사랑한다는 것은 우리 내부에 그 원인을 두지 않은 기쁨을 느끼는 것이다. 즉 사랑은 저절로 생기지 않는다. 그것은 어떤 사람, 사물, 관념, 외부의 존재가 불러일으키는 것이다. 그런 방식으로 얻은 기쁨은 우리에게 더 이상 불확실하고 유동적인 것으로 여겨지지 않는다. 그것은 결정적이고 확실한 어떤 원인의 존재 덕분에 얻은 것으로 규칙적이고 예측 가능한 방식으로 살 수 있게 해주는 것, 일종의 좌표와 같은 상태다. 그러나 그것만으로는 아직 확실한 좌표에 다가가 그 좌표와 견고하게 결합하는 데까지 이르렀다고 보기 어렵다. 기쁨이 좌표가 되기는 하지만 사랑은 또한 타인 혹은 환경의 변화, 달리 말해 다른 이의 기분 변화 혹은 예보되는 기상 변화 같은 것과 또다시 연결되기 때문이다. 또한 불행하게도 사랑의 원인, 기쁨의 기원을 잘못 알고 있을 수도 있다. 그리고 잘 알고 보면 우리에게 기쁨을 준다고 믿었던 것이 기쁨을 주기는커녕 슬픔을 주는 경우도 있다. 설령 실제 감정은 그 반대일지라도 어찌 되었든 사랑하기란 우리에게 기쁨을 주는 것, 혹은 기쁨을 준다고 믿고 있는 대상과 관련을 맺는다.

이런 사정에 부딪히면 삶의 우연과 타인에서 얻는 즐거움과 무관하게 우리 자신 안에서 기쁨을 찾는 것이 더 낫다고 생각할 수도 있다. 물론 우리 안의 기쁨이 타인의 욕망과 우연한 만남에 다시 연결되어서는 안 된다. 그렇기 때문에 누군가는 완전하게 자율적인 존재, 자기 자신에게만 기대는 존재가 되기 위해 노력할 수 있다. 그리고 스토아 학파가 추천했듯이 오직 자신에게 기대는 사람만을 높이 평가할 수도 있다. 그렇게 해서 만일 자신이 성공적으로 자신이 느끼는 기쁨의 유일한 원인이 된다면 우리는 오직 우리 자신만을 사랑할 뿐이라는 결론을 내려야 할 것이다.

그런데 그렇게 생각하는 사람들은 인간의 조건과 조화로운 자연 안에서 인간이 차지하는 위치에 대해 크게 오해하고 있다고 스피노자는 대답한다. 인간 존재는 그렇게 단순하고 자율적인 존재가 아니며 자기 자신의 힘만으로 살 수 있는 존재가 될 수도 없다. 즉 인간은 인간을 낳고 먹이고 살게 해주고 영감을 주는 상호 연결된 환경 덕에 존재할 수 있다. 자연의 역량은 인간의 그 어떤 것보다도 탁월할뿐더러 인간은 언제나 이런 자연에 의존하며 빚을 진다. 자신을 둘러싼 이런 환경과 연결되어 인간은 언제나 자신에게 힘과 기쁨을 준다고 믿는 것을 쫓아갈 것이고, 힘을 앗아가고 슬픔을 준다고 믿는 것에서는 도망치려할 것이다.

사랑은 흔들리는 정서를 안정되게 잡아주는 닻이며 감정의 정글에서 우리가 기준을 삼는 나침반이다. 다만 그런 감정이 바닥으로 우리를 끌어당기는 닻일 수도 있고 오히려 길을 잃어버리게 만드는 나침반일 수도 있다. 따라서 무엇보다도 우리를 약하게 만드는 정서의 대상 대신에 올바른 대상을 선택하는 것이 중요해진다.

그래서 스피노자는 『지성개선론』의 서두에서 다음과 같이 쓴다.

"우리와 지복과 비참함은 모두 오직 하나의 요소에 달려 있다. 즉 우리가 사랑하는 대상이 어떤 종류의 것인가에 달려 있는 것이다."

우리는 일련의 방식으로 전개된 스피노자의 사유를 요약해 보았는데 그 과정에는 진단과 기획이 담겨 있다. 우선 진단의 요체는 우리의 모든 고통은 사랑의 번민에 기반을 두고 있다는 것이다. 사랑 없이는 어떤 기쁨도 고통도 느낄 수 없다. 기쁨을 느낀다 해도 잠시 누릴 뿐이며 그런 기쁨은 이내 망각되고 만다.

사랑, 해법과 문제

다른 대상에 우리의 감각을 연결시키는 가운데 사랑은 분명 우리를 인간답게 만드는 감정이다. 사랑은 우리를 인간답게 행동하게끔 해준다. 개성을 형성하고 어떤 사람이라는 규정을 가능하게끔 하는 것도 감정이다. 스피노자가 살았던 당시의 사람들은 어떠했다고 설명하듯이 오직 사랑하는 대상은 무엇인가의 방정식을 통해 인간 성격에 대한 유형학을 만들 수도 있으리라. 예컨대 몰리에르라는 사람은 돈을 향한 사랑 때문에 인색하다고 규정할 수 있고, 명예를 사랑한다면 야망 있는 자라고 말할 수도 있다. 음식을 사랑한다면 식탐이 강한 것이고, 관능적 쾌락을 사랑한다면 음탕한 자다. 더 선호하고 좋아하는 것에 따라 개인의 성격을 규정한다면 바로 그 즐거움의 대상은 또한 우리를 방황하게 만들고 고통스럽게 하는 원인이 되기도 한다.

우리 삶에서 사랑은 해법이자 문제가 될 수 있는 것이다. 우리가 세계와 관계를 맺고 있음을 느끼는 것은 사랑할 때뿐이다. 사랑이 없다면 우리는 무관심해진다.

그래서 스피노자는 이어 다음과 같이 쓴다.

"사랑하는 대상만이 고통을 불러일으킨다. 사랑하는 것이 아니라면 그것이 사라진다 해도 슬픔을 느끼지 않을 것이고, 다른 이의 수중에 떨어졌다고 해도 질투하지 않을 것이다. 한마디로 말하자면 사랑하는 것이 아니라면 고통, 미움, 혼란도 생기지 않는다."

따라서 사랑은 정서의 핵심이자 우리 정서를 구체적으로 드러내주는 대상을 둘러싸고 있는 것이다. 실존의 문제가 드러나는 곳은 바로 사랑이 시작되는 곳이기도 하다.

스피노자는 그런 진단에서 자신의 사상을 기획하기 시작한다. 행복이 우리가 사랑하는 대상에 달려 있고 구원 또한 사랑의 대상을 선택하는 것에 달려 있다면 철학자의 임무는 우리에게서 평안을 주고 지속적인 만족을 줄 수 있는 사랑하는 대상을 발견해내는 데 있는 것이다.

그리하여 스피노자는 다음과 같은 다소 모호한 말을 이어간다.

"영원하고 무한한 것에 대한 활기찬 사랑은 그 어떤 슬픔도 찾아볼 수 없는 기쁨, 순수한 기쁨으로 정신을 만족시킨다. 이것이야말로 가장 위대한 욕망의 대상이자 우리의 모든 힘을 기울여 추구할 만한 가치가 있는 것이다."

그런데 이런 진술은 다소 추상적이고 거창하게 보일 수도 있다. 소위 "순수하고 영원하며 무한한" 것이란 무엇인지 의심스러운 것이다. 오랜 시간 험난한 길을 거쳐야 비로소 이런 말을 이해할 수 있다. 그러나 스피노자가 의미 있는 사상가인가를 시험하기에 좋은 길이기도 하다. 실은 스피노자 자신이 이런 진술을 이해하기 위한 방식을 급진적으로 개혁한 사람이기도 했다.

그러나 어찌 되었든 우리는 이미 사랑의 경험을 훼손시키고 우리가 잘못된 선택을 하도록 이끄는 환상의 장막을 걷어 올릴 수 있다.

사랑에 관한 정의를 다시 살펴보자.

"사랑은 외부 원인에 대한 관념을 수반하는 기쁨이다."

이 정의는 우리의 감정인 사랑 안에 있는 진정한 대상에 대해 말해준다. 그것은 우리를 시험에 들게 하는 기쁨이다. 사랑의 감정을 가져다주는 대상은 달리 말해 우리를 그런 기쁨에 집중하게 만드는 관념일 뿐이다. 그런데 기쁨의 원인이 되는 대상이 참된 것이 아니라 상상의 결과일 뿐인 경우가 많다. 그것을 통해 우리는 사랑에 대한 이해와 개념을 다시 주의 깊게 살펴보게 된다.

사랑하지 않으면서 사랑한다고 믿을 때

우선 요약해보면 우리의 사랑을 결정하는 것, 사랑의 선택으로 이끄는 것은 오직 감정뿐이다. 그리고 그런 감정은 우리가 느끼는 정서의 대상이 가지고 있는 실제 속성이 아니다. 우리가 어떤 대상을 나쁘다고 느낀다 하더라도 마찬가지다. 감정의 대상에 가지는 '가치'는 감정에 대응하는 사물의 실제 속성을 뛰어넘기 일쑤다. 그것은 우리로 하여금 사랑스럽다고 여기게 하는 사람, 사물, 관념의 아름다움, 올바름, 탁월함이 아니다. 그것은 다만 그것을 사랑하는 동안에 우리 생명력을 증가시켜주는 것, 소위 기쁨과 연결되어 있는 사건일 뿐이다. 사랑을 받을 만한 마땅한 가치가 있어야 하는 것을 결정하고자 대상에 탁월한 가치를 부여하면서 그 가치가 바로 그 대상의 내부에 있는 올바름 혹은 탁월함의 정도라고 여기는 것은 문제가 된다. 그러면 우리를 속이는 확실한 길로 들어서게 된다. 우리는 바로 그렇게 소외된 대상, 우리가 그것을 사랑한다고 단지 그릇되게 상상하는 대상에 집착하게 된다. 사랑의 원인이 그 대상이라고 철썩같이 믿으면서 우리는 그 사랑을 그것에 돌려주려고 한다. 이때 우리가 아는 것은 그 대상이 실제로 불러일으키는 정서가 아니다. 우리 사랑의 진정한 원인은 그 대상 자체가 아니기 때문이다. 그것은 단지 그 대상의 현존에 수반되는 감정일 뿐이다.

그렇다면 사랑은 상호적일 수는 없는 것일까? 사랑은 필연적으로 이기적인 것일까? 우선 사랑의 이기적인 속성에 대해 생각해보자. 확실히 타인에 대한 헌신이나 희생이 사랑이라는 생각은 포기해야만 한다. 어떤 의미에서 보자면 사랑은 끝내 확실히 이기적인 것이다. 사랑을 느낄 때 사실 그 사랑이 상대방에게 해가 되는가 그렇지 않은가는 중요하지 않다. 사랑이란 앞서 말했듯이 우리가 타자 안에서 찾는 기쁨이기 때문이다. 타자의 존재가 우리를 기쁘게 한다는 것이 앞선다. 그리고 우리가 그때 느끼는 기쁨이 그 대상을 기쁘게 하는 것은 그 다음에 오는 것이다. 따라서 사랑이 펼쳐지는 과정에서 상호적 사랑은 그 사랑의 원리 안에 존재하는 것이어야 한다. 하지만 본성에 적합하며 우리를 더 강하게 만들고 성장시키는 것에서 기쁨을 얻을 수 있다고 스피노자는 말한다. 그런 적합함이 곧 상호적인 것이다. 어떤 사물이 우리에게 적합하다면 필연적으로 우리 또한 그것에 적합하다.

우리는 그런 적합성을 두 가지 방식의 사랑에서 살펴볼 수 있다. 어떤 사물은 그것이 우리와 유사한 것이거나 우리를 보완하는 것이기 때문에 우리에게 적합할 수 있다. 서로 유사한 것들은 쉽게 결합한다. 그것들의 결합은 동일한 본성을 구성하는, 즉 두 배의 역량을 가진 존재를 형성한다. 상보적인 관계는 각기 결핍된 부분을 서로 보완할 때 이루어진다. 그때 또한 다른 하나의 역량을 매개로 그 각각의 역량은 증대한다. 상보적인 것처럼 유사성 또한 대칭적 관계다. 우리는 우리와 유사한 것을 닮고 우리를 보완해주는 것을 보완한다. 공동 역량이 증대되는 결과로 생겨나는 기쁨이 상호적 사랑이란 사실이 여기에서 따라 나온다. 사랑하는 사람이 기쁠수록 사랑받는 사람 또한 더욱 기뻐진다. 이 역도 참이다.

스피노자는 다음과 같이 쓴다.

"사랑받는 대상이 기뻐하고 있다는 이미지는 그 대상을 사랑하는 이의 정신의 노력을 증진시킨다. 즉 사랑하는 이의 기쁨의 정서를 강화한다. 사랑받는 이가 느끼는 기쁨이 더 클수록 사랑하는 이의 기쁨 또한 그렇게 더 커진다."(『에티카』, 3부, 명제 21, 증명)

사랑 안에서 느끼는 기쁨의 필연적 상호성이라는 관념은 순진한 것으로 보일 수도 있다. 그것은 우리가 실제로 경험하는 사랑의 정서 관계보다 이상적인 것이기 때문이다. 사실 현실에서 우리가 맺는 관계는 소위 상상의 대상에 집착하는 것이며 대체로 대상과 일치되지 않는 소외된 것이다. 이런 정서의 소외에서 벗어나려면 우리가 선택한 정서에서 일어나는 일의 구조를 이해해야 한다. 우리는 이미 사랑의 원천이 사랑받는 대상에 실재하는 속성 안에 있는 것이 아니라는 것에 대해 대략 살펴보았다. 그것은 사랑받는 대상의 탁월성이나 올바름에 있는 것이 아니라 그것의 존재에서 우리가 느끼는 생명력이나 감정의 변화 안에 있는 것이다. 어떤 사물이나 특정한 사람에 대한 격한 감정이나 감정의 변화는 어떻게 발생하는 것일까?

사랑받는 존재, 행복한 기억의 소유자

왜 우리는 사람이나 사물이 행복의 원인인 것처럼 말하는가? 우리는 어떻게 덧없는 기쁨의 경험을 사랑의 관념으로 만드는가? 스피노자는 사랑의 관념을 만드는 것은 기억이라고 말한다. 기쁜 경험을 기억하기 때문에 우리는 그 기억을 그런 기쁜 경험을 다시 가져다줄 수 있는 대상과 연결시킨다. 그때 우리가 진실로 사랑하는 것은 추억이다. 그러나 그 기억은 우리가 살면서 예기치 못하는 사건과 마주칠 때 우리를 지켜주고 평온한 감정에 대한 환상을 제공하기 때문에 우리는 그런 추억을 되살아나게 해주는 어떤 것을 믿으려고 노력한다. 그런 환상은 다양한 형태를 취한다. 이 점에 대해서는 나중에 살펴보게 될 것이다. 그러나 우리가 이미 어떤 중요한 질문을 던졌다는 것만은 분명하다.

짚고 넘어가기

1   당신이 가장 열렬히 사랑했던 대상을 생각해보라. 어느
    정도까지 그 사랑이 당신의 인생 행로에 영향을 미쳤는
    가? 아직도 그것이 중요하다면 어느 정도까지 그 사랑이
    당신의 정체성에 영향을 미쳤는가? 당신의 내면 깊숙한
    곳까지 영향을 미쳤는가? 한 사람, 국가, 이상에 대한 사
    랑이 당신의 삶, 가치, 습관을 변화시켰는가? 그 사랑이
    없었다면 당신은 어떤 사람이 되었을까? 지금과 다른 사
    람이 되었을까?

2   깊이 생각하지 말고 당신이 집착하는 정서적 대상, 당신
    이 특별하게 느끼는 정서를 그냥 떠올려보라. 그것은 어
    떤 상태로 이끄는가? 역량의 정서인가, 무능의 정서인가?
    힘을 주는 정서인가? 유약하게 만드는 정서인가?

3   당신의 사랑을 받는 그 존재를 향해 가도록 당신에게 힘
    을 가하는 것은 무엇인가? 그런 자극을 가하는 감각은 기

쁨, 역량, 이상, 가치, 탁월함의 이상에 관련된 것인가?

4   정서와 관련된 기억은 당신에게 어떤 역할을 하는가? 당
신의 감정은 무엇보다도 추억을 통해 유지되고 강화되는
가? 아니면 현재의 경험이 그 감정에 중요한가? 지나간
기쁨의 추억은 현재의 고통을 인내할 수 있도록 도와주는
가? 그런 반응의 이유를 찾아야 한다. 그리고 어느 정도까
지 우리가 그것을 감내할 수 있는지 결정하라.

우리는 욕망하는 존재다

사랑은 우리 정서와 애착을 결정한다. 그런데 왜 이런 사랑이 우리의 인생 행로를 규정하는 것이자 타인에게 우리를 드러내는 방식인 것일까? 그 까닭은 근본적으로 우리가 욕망하는 존재라는 사실에 있다. 이것은 단순하게 욕망이 우리 인간에게 가장 중요한 것은 아니지만 가장 쉽게 찾아볼 수 있는 특성임을 의미하는 것이 아니다. 그렇지 않다. 그것은 우리가 욕망이라는 것, 욕망 이외의 그 어떤 것도 아니라는 것을 의미한다.

그래서 스피노자는 다음과 같이 썼다.

"욕망을 어떤 정서에 따라 어떤 것을 하도록 만드는 것으로 여기는 한, 욕망은 인간의 본질 자체다."(『에티카』, 3부, 정서의 정의, 1)

존재는 욕망이며 욕망은 존재다

그러나 수다하게 인용되는 이 정의는 두 가지 측면을 가진다. 하나는 다음과 같은 것이다. 이 정의는 인간이 다른 것이 아니라 단지 욕망일 뿐이라고 말한다. 즉 욕망이 없다면 행동도 결정도 삶도 없다는 것이다. 삶, 즉 살기를 원한다는 것은 삶을 위해 노력한다는 것을 말한다. 그것은 우리 앞에 나타나는 장애, 덫, 기회를 가로지르며 우리 역량을 증대시키려 노력한다는 것을 의미한다. 간단히 말해 그것이 욕망이다. 그러나 또 다른 면에서 이 정의를 보면 욕망이 없다면 인식도 이성도 도덕과 같은 것도 없다는 것을 의미하기도 한다. 인식은 무엇보다 진리에 대한 욕망이며, 이성은 정합성에 대한 욕망이다. 그리고 도덕은 좋은 삶에 대한 욕망이기 때문이다. 조금 후에 살펴보겠지만 욕망과 반대되는 것으로서 이성과 도덕을 보는 것은 공허한 일이다. 힘을 욕망에 반대되는 원칙과 도덕 아래 두는 것 또한 공허한 일이다. 어떤 의미에서 보면 원칙과 도덕 또한 욕망이 가져오는 것이기 때문이다.

덜 알려져 있지만 한층 더 놀라운 것은 스피노자가 주장하는 욕망의 또 다른 측면이다. 인간의 본질이 욕망에 의해 구성될뿐더러 더욱이 욕망이 바로 인간의 본질에 다름 아닌 것으로서 구성된나는 것이다. 존재한다면 그곳에는 욕망이 있다. 마찬가지로 욕망은 존재에 다름 아니다. 이것이 의미하는 것은 무엇인가? 앞서 살펴본 감정 방정식의 다소 빈약한 근거가 감추고 있는 것은 무엇인가?

욕망할 때 우리는 다른 것을 원한다고 믿는다. 그리고 우리는 그것도 결국 우리 자신인 다른 것이 되기를 원한다고 믿는다. 그러나 욕망은 다른 것이 아니라 존재 그 자체, 이미 그것인 것으로 존재하기를 원한다고 스피노자는 가르친다. 우리가 욕망하는 것은 우리 자신인 존재, 간단히 말해 양보 없이 우리 자신인 존재다.

만일 우리가 완전한 신이라면 우리는 본성적으로 다른 어떤 것도 시기하지 않고 우리 자신으로 머물 것이다. 즉 우리는 아무것도 욕망하지 않고 존재할 것이다. 그러나 인간은 신과는 달리 오직 다른 것 없이 자기 자신만으로 실존할 수 없다. 인간은 영양분, 따듯한 온도, 수면, 애정, 교역, 인정 등을 원하며 또 살아가기 위해 필요한 것은 이런 것 외에도 무수히 많다. 간단히 말해 인간은 생존에 기여하는 수다하게 많은 다른 것 덕분에 살아갈 수 있는 것이다.

우리는 자아실현을 허용하는 것을 욕망한다

생존하기 위해 수다한 다른 것을 필요로 한다는 사실이 스피노자가 욕망을 "그 자신 안에서 존속하고자 하는 노력"으로 정의 내리는 코나투스로 언명한 까닭이다. 그 자신인 것으로 존재하려면 그 자신인 것만으로는 충분하지 않다. 우리 정체성은 다소 불확실하고 예측 불가능한 것들, 그것들과의 결합, 만남에 의존해 형성되는 것이기 때문이다. 그 자신으로 존재하기란 단순하게 말할 수 있는 것이 아니라 노력과 탐색, 욕망을 함축한다.

그런 탐구는 우리 자신의 속성과 무관한 것이나 우리를 우리가 아닌 것으로 만들어줄 것, 즉 사후에 관한 탐구는 아닐 것이다. 그런 탐구는 가장 근본적으로 우리 자신인 것들에 대한 탐구다.

따라서 스피노자는 다음과 같이 쓴다.

"각 사물이 자기 존재 안에 머무르려는 노력은 그 사물의 현행적 본질일 뿐이다."(『에티카』, 3부, 명제 7)

우리는 욕망이 모든 결핍 앞에 있는 것이라고 믿는다. 우리는 우리가 가지지 못한 것이나 아직 우리가 아닌 것을 욕망한다고 믿는다. 그러나 실제로는 우리는 우리 자신인 존재가 되도록 해주는 것, 다시 말해 우리 본성을 현실로 만들어주는 것을 욕망할 뿐이다. 우리 본성이 만개되도록 해주는 운동, 우리 잠재력이 펼쳐지도록 추동하는 운동이 바로 그런 본질이다.

두 가지 결론이 이어진다. 우선 욕망을 추동하는 것은 욕망의 대상이 아니다. 경이롭게 뛰어나고 우리와 무관한 것으로 우리에게 나타난다는 이유로 그런 대상을 욕망하지는 않을 것이다. 우리는 단지 그런 대상이 우리를 한층 더 우리 자신인 존재로 만들어주기 때문에 욕망할 뿐이다. 예컨대 광고는 이런 구조를 잘 보여준다. 광고는 그 광고에 등장하는 상품 덕분에 마침내 우리가 더 이상적인 존재가 될 수 있다고 말하면서 광고하는 상품의 탁월한 점을 우리에게 설득하려고 노력한다. 그런 상품 덕에 우리는 아름답고 매혹적이고 활동적인 사람이 되며 다른 이들의 사랑을 받게 될 것이다. 그래서 우리는 광고에 나오는 옷, 차, 자격증을 원한다. 우리가 원하는 지위의 가치는 그 지위 자체에 있는 것이 아니라 우리를 그 지위에 오른 사람으로 만드는 데 있다.

우리에게 기쁨을 가져와서 우리가 자아실현을 할 수 있게 해주는 능력 혹은 우리 역량을 증대시켜주기 때문에 우리는 어떤 사물을 원하는 것이다. 욕망을 탐구해보면 우리가 다만 소유하길 원하는 것을 요구하는 것이 아니라 무엇보다도 우리가 소유하기 원하는 것을 통해 존재하기를 원한다는 것을 알 수 있다.

결핍은 욕망을 누그러뜨린다

두 번째 결론은 결핍이 욕망을 만들지 않는다는 것과 관련된다. 분명 욕망은 결핍을 함축하는 것처럼 보인다. 우리는 우리가 아직 마음대로 처리할 수 없는 것을 욕망한다. 결핍이 클수록 욕망 또한 더 강력해진다는 일반적인 믿음은 그런 사실에 근거한다. 기쁨의 강도는 욕망의 강도와 비례하기 때문에 우리는 성급하게 숙고하지도 않고 욕망을 증대시키는 것은 결핍의 상황에 있을 때라고 결론내린다.

스피노자에 따르면 그 이상의 오류는 있을 수 없다. 욕망은 결핍이 아니라 바로 역량이다. 욕망은 우리가 실존 안에서 지속하고자 하는 노력이 가지는 힘, 즉 우리 역량을 말한다. 반대로 결핍은 이런 역량의 감소를 의미한다. 결핍은 우리 힘을 떨어뜨리고 욕망 또한 감소시킨다. 우리 욕망을 고조시키는 것과는 거리가 먼 것이 결핍이다. 결핍이 욕망을 약화시키고 빈약하게 만든다면 이와 반대로 우리가 우리 역량을 증대시키는 욕망을 현실화하는 가운데 경험하는 것은 기쁨의 정서다.

짚고 넘어가기

1   당신이 가장 간절히 욕망하는 대상이나 사건을 생각하라. 그런 대상을 통해 무엇이 이루어지길 바라는가? 욕망하는 것을 가지게 되었을 때 당신은 어떤 사람이 되어 있을지 머릿속으로 떠올려보라. 그러고 나서 욕망하는 것을 가지지 못했을 때 당신이 어떤 사람이 되어 있을지 머릿속으로 떠올려보라.

2   당신의 욕망이 완성되는 것을 방해하는 결핍 요소는 무엇인가? 당신은 부족한 것을 체계적으로 욕망하는가? 당신이 얻기에는 어려울뿐더러 불가능하기까지 한 것을 욕망하는가? 혹은 반대로 얻는 것이 가능하고 얻을 기회가 있으며 그 문을 열 수 있는 것을 욕망하는가? 당신이 몹시 좋아하는 것이 멀리 떨어져 있는 상태를 생각해보라. 그 거리가 당신의 욕망을 오히려 강하게 만드는가, 아니면 약하게 하는가?

오직 만남을 통해
서로 알 뿐이다

여기까지 모든 것이 너무 간단해 보인다. 약한 존재인 인간은 자기 자신만으로는 삶의 조건을 확보할 수 없다. 음식, 옷, 동료, 선생님, 배우자, 예술작품 등 자신에게 적합한 많은 것이 필요하다. 이런 모든 것이 인간의 생존과 성숙을 위해 필요한 것이다. 따라서 이런 것들에서 생겨나는 기쁨을 느끼고 우리 역량을 증대시키려면 우리가 진정으로 원하는 것을 아는 것과 우리에게 적합한 것을 발견하는 것으로 충분하다.

잘못 판단하고 제대로 사랑하지 않기 때문이다

그런데도 우리는 이 문제에서 너무 멀리 떨어져 있다. 본질적인 문제, 즉 우리를 둘러싸고 있는 것과 우리 자신에 대한 적합한 인식을 언급하지 않았기 때문이다. 물론 우리는 우리 자신과 우리에게 다가오는 것들을 인식하고 있지만 그런 인식은 손상되고 부족한 것일 수밖에 없다. 그런 인식은 대개 불완전하고 자주 상상에서 비롯된 것이다. 정서에 관련된 삶이란 본질적으로 난폭하고 감정적인 것이다. 우리는 자주 우리 자신과 외부에서 닥쳐오는 사건에 대해 잘못 생각하기 때문이다.

스피노자가 발견한 정서에 관련된 이런 삶의 핵심은 철학의 전통적 자취와 유사하다. 즉 지성을 개발하고 우리 인식을 바로잡고 진리를 향한 믿을 만한 길을 확보하는 것 말이다. 그가 감정과 정서를 가장 우선적인 것으로 생각했는데도 이런 이유로 그는 합리론자로 평가받는다. 문제를 일으키는 정서에서 우리를 구원하는 것은 인식이다. 이런저런 감정에 관련된 우리의 방황은 도덕주의자의 용어가 의미하는 잘못을 의미하지 않는다. 그것은 인식과 판단의 오류다.

왜 인간은 자신에 대해 인식할 수 없는가? 왜 태생적으로 우리가 갖는 감정은 지성적일 수 없는 것일까? 이런 점들을 밝히려면 무엇보다도 먼저 영혼과 신체의 관계를 살펴보아야 한다.

정신은 신체를 사유하고 신체는 정신을 실천한다

고대의 많은 철학자와 거의 모든 종교인이 정신, 즉 영혼, 지성,

사유 등이 신체와 완전하고 분명하게 분리된 실체와 같은 것이라고 확신했다. 그래서 바로 영혼이 신체가 소멸된 후에도 살아남아 천국으로 가거나 환생하는 것이다. 그런 사유는 유물론에 의거한 철학과 즉각적으로 대립된다. 유물론에 의거한 철학은 영혼이 신체와 다른 것이 아니라고 선언한다. 영혼이란 근본적으로 오직 원자로 구성된 것이며 뉴런 조직이나 뇌 운동의 결과로 생겨난 것이다.

스피노자의 입장은 매우 미묘하다. 우리는 영혼과 정신을 서로 다른 두 가지 것으로 지각한다. 결론적으로 말하자면 사유의 경험은 신체의 경험과 매우 다르다. 우리가 신체를 지각하는 방식과 관념을 인식하는 방식은 매우 다른 것이다. 신체는 공간 안에서 연장된 것이다. 그리고 신체의 속성은 면적, 운동, 질량 등이지만 사유는 공간을 차지하는 것이 아니고 양적인 것도 아니다. 그러나 그것이 곧 정신과 신체, 사유와 물질이 동일한 하나의 실체일 수 없음을 의미하지는 않는다. 정신과 신체는 동전의 양면이 그러하듯 유일한 실재의 두 가지 측면일 뿐이다. 간단히 말해 우리는 유일한 하나의 실체에 접근하는 두 가지 방식을 가진 것이다. 영혼이나 신체는 그런 실재에 접근하거나 경험하게 하는 두 가지 방식이다.

정신과 신체는 따라서 서로 상반되는 것일 수 없다. 우리는 간혹 정신이 신체와 맞서 싸우는 듯 느낀다. 의지의 힘을 신체에 가해서 신체를 복종하게 하거나 영혼이 신체에 힘을 행사한다고 느끼는 것이다. 그러나 그것은 망상이다. 신체와 정신의 변화는 완전하게 평행하며 상호 일치하기 때문이다. 신체 안에서 생산되는 것은 정신 안에서도 또한 생산된다. 신체는 행하며 정신은 그 모든 것을 사유한다. 그 반대도 마찬가지다.

그래서 스피노자가 정신은 신체에 대한 관념에 다름 아니다라고 말한 것이다. 소위 정신은 자극받은 우리 신체에 대한 인식이다. 신체 안에서 일어난 것에 대한 관념을 만들고 기록하는 것이 정신이라면 어떻게 그런 의식이 왜곡될 수 있겠는가? 우리 자신의 관념이 왜곡된다면 그것이 부분적이고 손상되고 불완전한 것이기 때문이다.

자신에 대한 인식은 경험에 의해 한정된다

결과적으로 우리는 오직 어떤 것에 자극된 우리 신체, 감각에 의해 자극받아 혼란스러워진 신체를 느낄 뿐이다. 그런 상황에 처했을 때 차분해지고자 노력하고 그때 당신이 신체에 대해 느끼고 알게 된 것을 관찰하라. 당신은 연기의 열을, 가려움을, 위의 쓰라림을, 목덜미를 어루만지는 시원한 바람의 흐름을 느낄수 있다. 그러나 신체가 전혀 자극을 받지 않는다면 우리는 신체 자체에서 아무것도 느낄 수 없다. 당신은 신체의 변용, 신체가 처한 환경에 대한 신체의 반응을 느끼는 것이지 당신의 신체 그 자체를 느끼는 것은 아니다.

우리는 매우 피상적으로 신체에 대해 인식할 뿐이다. 그러나 정신은 신체에 대한 관념일 뿐이므로 우리의 정신적 삶 또한 우리 자신에 대한 깊은 오해로 가득 찬 것이다. 우리가 우리 외부에 있는 것에 의해 자극을 받을 때, 즉 어떤 것이 우리와 충돌하고 잡아끌고 간질이고 혐오감을 불러일으키고 상처를 입히고 흥분하게 하고 해를 가할 때 우리는 바로 우리 자신을 경험하는 것은 아니다.

나이가 아주 어린 아이를 생각해보라. 아이는 자신에 대한 어떤 개념도 가지지 않는다. 그뿐 아니라 자신에게 이롭거나 해로운 것을 알지 못한다. 아이는 자신을 즐겁게 하거나 힘들게 하는 것을 전혀 알지 못한다. 아이는 그런 것들을 먹어보고 만져보고자 하며 또 그 대상이 사람이라면 직접 사귀어보려고 할 것이다. 그런 과정, 때로는 힘들기도 한 과정을 통해 성공적으로 자신에게 적합한 것에 대한 미미한 개념을 만들게 되리라. 그러나 그런 관념은 대부분 오류의 단계에 머문다. 매우 부분적인 경험에 기반해 불완전하게 일반화한 관념이기 때문이다. 예컨대 그런 과정에서 아이들이 음식에 대해 갖는 선입견이 하나의 증거가 된다.

어른들이 자신에 대해 아는 것 또한 동일하게 진행된다. 우리는 지나간 경험이 남긴 흔적을 우리 자신이라고 인식한다. 그런 우연한 마주침, 즉 외부 경험은 다소 불확실하고 다소 혼돈된 것이며 한정된 것이다. 극단적 조건과 관련된 삶의 경험은 우리에게 격한 감정을 불러일으킬 수 있다. 물론 그런 경우는 자주 일어나는 것은 아니다. 반대로 지나치게 보호받는 환경은 우리 기질을 조용하고 온순하게 만들 것이다.

정체성에 대한 인식이 외부 세계의 매개에 의해 변화한다면 그것은 우리가 외부 세계를 훨씬 더 많이 인식한다는 것을 의미하는가? 우리 자신에 대해선 잘 알지 못하고 세계에 대해 더 많이 안다는 것을 의미하는가?

외부 세계는 우리 자신을 반영한다

우리는 우리 자신보다 외부 세계를 더 많이 아는 것이 아니다. 우리는 여전히 동일한 문제와 부딪치고 있다. 그것은 우리가 지각하는 외부 사물의 문제가 아니라 외부 사물이 우리에게 일으키는 결과의 문제다. 그것은 외부 사물이 불러일으키는 반응과 우리 안에 남기는 흔적의 문제다. 음식을 먹을 때 우리가 지각하는 것은 음식물의 구성 성분 자체가 아니다. 어떤 음식물을 접한 우리 혀의 반응이 그 음식을 신맛이나 단맛으로 느끼게 하는 것이다. 사랑에 빠지면서 우리가 지각하는 것은 우리가 사랑하는 이 자체가 아니라 그 사람이 만들어내는 우리 욕망과 고통이며 추억이고 감각이다. 낯선 문명을 접한 여행자는 새로운 문화를 수긍하지 않고 새로운 가치와 관습에 대해 의문을 느끼면서 혼란에 빠진다. 그리고 이국적이고 모험이 가득한 상황에 빠져 시험하고 판단하고자 애쓴다.

우리는 원환 안에 갇혀 있다. 우리는 오직 외부 세계와의 만남을 통해 우리 자신을 인식한다. 그러나 그렇게 외부 세계로 나아간다 해도 결국 우리 자신으로 돌아오는 것이다. 그렇다고 해서 외부 사건에서 우리가 만들어내는 경험이 우리로 하여금 우리 자신을 참되게 인식하게끔 해주는 것도 아니다. 그와 동일하게 우리가 적절하게 보이는 정서적 반응은 그런 감정을 불러일으키는 것 자체를 알려주지도 않는다. 실제로 우리는 반응, 감각, 정서적이고 실존적인 외피를 인식할 뿐이다. 우리는 그런 반응의 완전한 원인, 내부(정신 현상) 혹은 외부(환경)의 원인에 무지하다.

어떻게 우연이 우리에게 흔적을 남기는가?

꾸준히 암중모색을 하다 보면 시간과 경험을 통해 우리의 실제 모습에 대한 더 믿을 만한 이미지를 구축하게 되지는 않을까? 동일한 오류의 반복에 대한 성찰과 지각 영역의 확장을 통해 우리 경험의 모자이크를 수정할 수 있는 덕을 갖추게 되지 않을까? 우리 정체성과 합치되는 정합적인 세계를 다시 만들고자 여러 경험의 조각을 한 조각 한 조각 모을 수 있게 되지는 않을까? 이런 기대는 우리 정체성을 만드는 외부 환경과의 만남이 오래 지속되는 흔적을 남긴다는 것을 잊었다는 증거다. 그런 망상은 견고해지고 넘치는 감정은 단단해지며 고통은 상처를 남긴다. 불확실한 만남이 주는 타격은 상처를 주고 우리를 괴롭히며 경험한 것에 대한 이미지를 남긴다. 세계의 실재성은 지나간 경험의 변형된 프리즘을 통해 보인다.

이미 지나가버린 것에 대한 우리의 환상을 통해 어떻게 얽힌 매듭을 풀 수 있을까? 우연한 만남이 남긴 흔적 없이 어떻게 우리 자신을 재발견할 수 있을까? 어떻게 우리 감각이 세운 베일 너머의 세계를 재발견할 수 있을까?

짚고 넘어가기

1   당신의 공포와 욕망을 검토해보라. 이미 지나간 경험은
    어느 정도까지 당신의 공포와 욕망에 영향을 미치는가?
    지나간 경험을 우연히 다시 경험한다고 상상해보라. 그랬
    다면 당신의 공포와 욕망은 전적으로 달라질 수 있을까?
    그때 그런 경험이 아니라 다른 경험을 했다면 현재 나의
    욕망과 공포는 어떤 모습일까?

2   바로 이런 사람이라고 당신을 규정짓는 당신의 성격은 무
    엇인가? 모자란 점이나 특성으로 당신이 받아들일 수 있
    는 것은 어떤 것인가? 당신의 출신이나 인생 역정이 달랐
    다면 당신의 성격 또한 달라졌을까?

3   앞선 질문에 대한 답변에서 어떤 경우를 더 당신답다고
    느끼는가? 당신의 특성으로 여기기에 더 만족스럽거나
    그와 반대로 더 이상하고 낯설게 느끼는 경우는 어떤 것
    인가? 지금까지의 당신의 인생에서 그런가? 아니면 일어

나지 않은 또 다른 인생에서 그런가?

4 어느 날 당신의 기분을 관찰해보라. 분명한 원인을 찾을 수 없는 감정의 변화를 노트에 기록해보라. 그러고 나서 정서의 변화가 발생하는 사건과 만남에 어떻게 영향을 미치는지 관찰하라. 스피노자에 따르면 사랑은 어떤 원인에 연결된 기쁨의 감정이고 미움은 원인에 연결된 슬픔의 감정이다. 당신에게 찾아오는 기분 변화의 원인을 어느 정도까지 알아낼 수 있겠는가?

5 당신의 과거에 기록된 만남과 사건에 대해 생각해보라. 바로 그 사건과 만남이 분명 당신이 확신하는 감정을 불러일으켰다고 확신할 수 있는가?

잘못 이해한
정서의 메커니즘을 분석하라

우리는 왜 오해에서 벗어나지 못하는가? 우리는 왜 어떤 희생을 치르면서라도 환상의 조각을 좇고 파괴적이고 불가능한 욕망을 키우고자 하는가? 왜 우리는 우리를 피곤하게 하고 소외시키는 정서에 의존하기를 포기하지 않는가? 왜 우리는 미움, 질투, 시기, 죄의식, 후회, 자기 멸시 등이 우리를 기진맥진하게 만들도록 놔두는가?

환상을 향하거나 거스르는 욕망

우리의 모든 정서적 방황을 관통하는 붉은 실이 있다. 인간은 그것이 오류에 기반을 두고 있는 것일지라도 어떤 것이든 믿길 원한다. 또한 인간은 그런 욕망이 환상일지라도 그것이 무엇이든 누구든 어떤 것을 욕망하기를 필요로 한다. 실제로는 그런 것들이 그를 도와주기는커녕 파괴하고 단지 기쁨을 주지 않는 것을 넘어서서 그를 슬프게 할지라도 어떤 것을 사랑하고 애착을 가질 필요가 있다는 결론이 이어진다.

스피노자는 그런 원리에 대해 다음과 같이 말한다.

"정신은 할 수 있는 한 신체의 활동 역량을 돕거나 증대시켜줄 것을 상상하고자 한다."(『에티카』, 3부, 명제 7)

신체 상태가 정신 상태를 반영하는 것처럼(그 반대도 성립한다) 인간은 그에게 더 많은 에너지를 주어 신체의 역량을 강하게 해주는 것을 상상하기를 좋아한다. 어떤 사물의 현존은 우리에게 기쁨을 주어 우리의 에너지, 능력, 자신감, 다시 말해 소위 역량을 증가시켜주는 것이다. 이것은 동일한 의미로 우리에게 기쁨을 주었던 그 사물이 부재할 때 우리는 기쁨의 원인이 되었던 그것들을 계속해서 상상하게 된다는 것을 말한다. 그것이 참된 원인이든 아니든 그런 것은 이 단계에서 중요하지 않다.

그런 기쁨의 상황에서 우리는 다음과 같은 것들을 모두 경험한다. 그때 우리를 둘러싸고 있던 것들에서 우리가 받았던 인상은 사랑으로 충만한 만남, 친밀한 조화를 이루는 삶, 견고한 우정 등이 있다. 그런 경험에서 삶에 대한 열망과 우리 자신과 타인에 대한 믿음은 강화되었고, 그때 더 많은 활동과 성취가 가능했던 것이다. 예를 들어 누군가와 연인 관계에 있을 때 우리는 마치 다른 존재가 되는 것처럼 느꼈다. 더욱 활기가 넘치고 의욕이 상실되는 경우는 더 줄어든다. 더 활기가 넘침으로써 우리는 미처 몰랐던 곳에 존재했던 힘을 끌어올려 사용하게 되었다. 그 관계가 시들해져서 사실 우리와 함께한 상대가 이제 기쁨이 아니라 슬픔을 가져다줄 때에도 우리는 계속 그 상대가 우리 역량을 증대시켜주는 기쁨의 원인이라는 믿음을 쉽게 버리지 않는다. 마침내 파국이 선언되고 혼자 남겨져도 이미 지나간 옛사랑에 대한 향수에 지나지 않을 그 상대, 즉 우리에게 기쁨을 주는 원인을 상상한다. 또는 우연히 만난 사람에게 동일한 감정과 욕망을 투사하는 것이다.

우리는 이와 달리 살 수 없다. 그것은 우리 생명력과 내부에 있는 힘의 평형을 유지하는 문제이기 때문이다. 삶의 위험과 장애물에 맞서고 그것들을 넘어가기 위해 우리는 우리에게 힘을 준다고 믿는 것을 계속해서 상상한다. 그리고 반대로 우리는 우리에게 해를 가한다고 믿는 것의 현존을 부정하고자 노력한다. 여기에 바보 희생하고 싶어 하지 않고 아마도 존재하지 않을 위험에 맞서고 상상의 원인을 위해 싸우는 사람들이 존재하는 이유가 있다.

어쩔 수 없이 사랑하거나 미워하는 인위적 대상에 집착할 수밖에 없다면 우리는 그 대상을 통해 그런 집착과 연결된 구조를 이해할 수 있을 것이다. 어떤 것이 우리 욕망을 소외시키는 속임수인가? 사실 현실에서 우리를 소외시키며 외면하는 대상에 집착하게 만드는 것은 무엇인가?

스피노자는 이렇게 말한다.

"그 어떤 것도 우연에 의해 기쁨, 슬픔, 욕망의 원인이 될 수 있다."(『에티카』, 3부, 명제 15)

우리는 자주 우연히 참된 이유 없이 사랑하는 대상을 선택하게 된다. 그런데 어떻게 그런 잘못된 동일시가 발생하는가? 어떻게 우리 정서가 불안한 대상과 연결되는가?

정서적 방황

스피노자는 감정의 구조에 대해 엄격하게 분석한 후 정서의 방황에 대한 참된 분류 목록을 제안한다. 우리 정념은 연쇄적으로 이어져 있다. 그것은 다른 것으로 변화된다. 그러나 그렇게 이어진 변화는 엄격한 법칙을 따라 이루어진다. 우선 정서의 역학에 대해 말할 수 있다. 즉 정서는 전염병처럼 감염된다. 근접성, 유사성, 정서의 모방, 상호성의 욕구, 상반되는 정서에 의한 강화 등의 구조에 따라 정서는 이것에서 저것으로, 사람에서 사람으로 연결된다.

근접한 대상을 향해 넘치는 사랑

근접성에 의한 정서의 결합은 다양한 정서의 구조에 가장 공통되는 것이다. 특정한 어떤 시간에 우리에게 행복을 주는 어떤 것이 동일한 순간 우리에게 무관심하거나 더 나쁘게는 슬픔을 주는 다른 사람이나 대상과 우연히 연결될 수 있다. 그러면 그때 두 번째 대상이 실제로는 우리에게 기쁨을 불러일으키지 않았을지라도 우리는 두 번째 대상을 사랑할 수 있다. 예컨대 우리는 이례적인 조건에서 어떤 사람과 만날 수 있다. 우리를 행복하게 한 대상은 사실 그 사람 자체가 아니라 그런 만남의 조건이었는데도 우리는 그 사람을 사랑할 것이다. 휴가지에서 일시적으로 하는 사랑이 바로 그런 것이다. 태평함과 무사안일의 달콤함은 우리를 더 많이 흥분시킨다. 그런 흥분은 사실 우연히 평원을 산책하는 이의 그것과 유사한 것이다. 그리고 어떤 사람들에게 이례적인 장소에서 이루어지는 그런 만남은 계획된 시나리오와 같은 것이다. 그런 사람은 행복의 원천인 유혹 앞에서 우쭐해한다. 그에게 그런 시나리오의 한 장면에서 만난 이가 누구인가는 중요하지 않으며 때로는 만남의 기쁨을 가장하기조차 한다. 그리고 우리를 꿈꾸게 한다는 이유로 혹은 우리가 접하기를 원했던 문화권 출신이란 이유로 사랑하기도 한다.

그러나 그런 구조는 또한 다른 의미에서 일어날 수도 있다. 어떤 사람을 사랑하는 것을 대신해 그 사람을 연상하게 하는 것을 사랑할 수도 있다. 그리고 우리는 어떤 사람의 근원을 나타내는 것을 사랑하기도 한다. 어떤 사람을 향한 사랑은 그렇게 이상, 언어, 예술, 국가에 대한 사랑으로 변형된다. 부모에 대한 사랑으로 우리는 그들의 기호와 정치적 견해를 따라갈 수도 있다. 의사인 삼촌을 존경하기 때문에 딱히 전적으로 적합한 것도 아니지만 의사가 되기도 한다. 그리고 어떤 이는 정작 그 사랑이 희미해진 지 오래되었는데도 사랑했던 이의 나라에서 살기 위해 그 나라로 떠나 그곳의 풍습을 따르기도 한다. 최초로 사랑했던 대상은 다른 것을 사랑하기 위한 구실이 된다.

우리는 유사한 것을 혼동한다

유사성에 의한 결합은 가장 단순하고 아마도 가장 보여주기 쉬운 정서의 변형이다. 우리는 이미 우리가 사랑했던 것과 닮은 것을 사랑한다. 우리는 지나간 사랑을 연상시키는 이를 사랑한다. 유사한 대상이 등장한 상황에서 오래전에 행복을 주었던 것과 닮은 부분을 찾는다.

  여기에는 다소 거친 일반화가 진행된다는 문제가 있다. 인간은 사물의 범주를 만드는 일을 멈출 수 없다. 상당히 축약시킨 유사성의 함수를 이용해 경험을 분류하는 것이다. 문제는 그렇게 만들어진 유사성이 사실 지나간 경험에서 결정적이었던 정서의 핵심에 거의 닿지 않는다는 것이다. 우리는 다른 어떤 사람을 닮았기 때문에 한 사람을 사랑하기도 한다. 그러나 사랑의 정서를 이끌어냈던 바로 그 속성을 새로운 사람이 가졌을 때만 그런 일이 생기는 것은 아니다. 미움의 정서에도 또한 분명하게 이와 동일한 구조가 있다. 과거에 한 사람의 어떤 특별한 성격이 우리에게 미움을 불러일으켰다. 나중에 우리가 싫어했던 바로 그 특성은 아니지만 그 사람이 가졌던 또 다른 특성을 가진 사람을 만나게 되었을 때 그 새로운 사람 역시 우리에게 미움을 불러일으킨다. 과거에 알았던 어떤 인물의 특성 중 우리가 싫어했던 바로 그 특정한 속성을 새로운 사람이 가진 것이 아닌데도 그 사람을 미워하는 일이 벌어지는 것이다. 이상의 두 가지 경우 모두 우리는 근거 없이 사랑하거나 미워하는 것이다. 그것은 사실 이롭지 않은 일이다. 우리는 정서 구조의 속임수에 기반을 둔 근거 없는 감정 때문에 힘을 낭비한다.

서로 닮았다고 해서 모든 것을 닮을 수는 없다. 하나의 특성이 그 사람의 전부를 말해주는 것도 아니다. 어떤 사람이 우리에게 기쁨을 주었던 사람과 닮은 면을 지녔을 수는 있다. 그러나 그런 유사성은 우리에게 기쁨을 가져다주었던 원천과는 그다지 관련이 없다. 한때 유머를 드러내는 면 때문에 어떤 사람에게 애착을 가졌다고 하자. 하지만 우리는 나중에 다만 그 사람과 동일한 종교 혹은 직업을 가졌거나 옷 입는 취향이 비슷한 이를 사랑한다고 믿게 될 수도 있다. 그리고 표면상 옛사랑과 비슷할지라도 그는 우리에게 매우 냉담할 수도 있다.

그러나 더 나쁜 것이 있다. 우리가 사랑하는 것과 미워하는 것 모두와 동시에 닮은 사물이 있을 수 있다. 그렇기 때문에 모형이나 미끼가 실제로는 죽음을 불러일으키는 것임에도 동물에게 삶의 원천, 먹이로 보일 수 있는 것이다. 이와 비슷하게 실상 어떤 사람이 우리에게 불행을 안겨다주고 있을지라도 이와 동시에 행복에 대해 우리가 가진 어떤 이미지를 그가 지녔을 수 있다.

이런 식으로 그 사람이 두 가지 상반되는 기억을 동시에 불러일으키면 우리는 그 사람에게 상반되는 두 가지 정서를 가지게 된다. 그때 우리는 사랑과 미움, 기쁨과 슬픔, 매혹과 반감 사이에서 번민하는 상태에 빠진다. 스피노자는 그 상태를 정신의 동요라고 부른다. 그런 경우 정념은 난폭해질 수 있다. 어떤 정합성을 유지하기 위해, 미워하는 마음을 억제하려고 사랑을 과장하거나 반대로 사랑을 감추기 위해 미움을 과장하기를 멈추지 않는다. 예컨대 한 남자의 부인은 자신 이외의 여자를 선택할 능력을 제한받기 때문에 생기는 남편의 불만을 억제하기 위해 계속해서 그가 매우 특별하게 도덕적인 사람인 듯 대하기를 멈추지 않을 것이다. 혹은 이와 반대로 우리는 은밀하게 우리를 유혹하는 사람에게서 많은 결핍을 찾아낼 것이다.

욕망은 언제나 공포와 연결되어 있다. 우리는 실현되지 않을까 봐 두려워하는 어떤 것을 더 많이 욕망한다. 그때 우리는 그 흐름 사이에서 흔들린다. 그것은 동전의 양면이다. 한 사람이 불러일으키는 사랑과 두려움 사이의 균열 때문에 그에 대해 우리가 갖는 정서는 사랑과 미움을 오고 간다. 어느 날 갑자기 정서는 그 반대로 변화할 수 있다. 갑자기 사랑이 미움으로 변화될 수 있다(그 반대도 마찬가지다). 우리 감정은 그 시작부터 애매모호하다.

정서의 모방

우리 욕망과 정서는 다른 이들의 욕망과 정서에 영향을 받는다. 그것들은 마치 바이러스처럼 한 사람에서 다른 사람에게로 전파된다. 이때 사용되는 것이 모방과 동일하다. 당연히 우리는 사랑을 받는 이가 사랑하는 것을 사랑하고 미워하는 것을 미워하게끔 추동된다. 이와 동일하게 역시 당연히 우리가 미워하는 이가 좋아하는 것을 싫어하고 그가 싫어하는 것을 좋아하게끔 추동된다.

이 구조는 쉽게 설명된다. 사랑받는 존재의 기쁨은 우리를 기쁘게 한다. 사랑받는 이의 기쁨은 그를 강하게 만들고 반작용으로 그가 우리에게 주는 기쁨을 증대시키기 때문이다. 동일하게 미움을 받는 이의 슬픔은 우리 슬픔을 누그러뜨린다. 그의 슬픔으로 그의 힘이 약화되고 그가 우리에게 끼치는 장애도 약화된다. 그것은 결국 우리를 슬프고 약하게 만드는 그의 힘이 줄어들 것임을 의미한다.

그러나 그런 구조 때문에 욕망과 애착 또한 우리의 진정한 감수성과는 멀리 동떨어지게 된다. 사랑하는 이가 사랑하는 것을 위해 정작 우리가 사랑하는 것을 희생하기 때문이다. 우리는 다른 이가 기뻐하는 것에서 기쁨을 느끼기 위해 합당한 우리의 기쁨을 포기한다. 그렇게 사회화되면서 욕망은 단순한 착각에 기반을 두는 환상이 되고 그런 환상은 우리의 진정한 욕망을 소외시킨다.

연민과 질투와 같은 정서의 발생에서도 같은 일이 벌어진다. 연민은 건강한 정서로 여겨진다. 타인의 슬픔 때문에 슬퍼지며 더 바람직한 경우에는 그를 도와주게 되기 때문이다. 그러나 그런데도 연민은 질투의 쌍둥이 자매로서 정서와 사회의 측면에서 보면 쓸모 있는 독약인 것이다. 질투는 타인의 행복을 보며 느끼는 슬픔이며 이는 그 타인의 슬픔에서 기쁨을 느끼게 되는 것으로 이어진다. 이렇게 얽혀 있는 기쁨과 슬픔은 우리를 가장 소외된 존재로 만든다. 연민은 칭찬할 만한 것으로 보인다. 그러나 반대로 질투는 나쁜 것으로 나타난다. 그러나 이 두 정념은 모두 우리 마음에 반영된 타인의 기쁨과 슬픔에 자리 잡고 있다는 공통점을 가진다. 그때 불안정한 정서는 주목할 만한 지점이다. 타인을 모방하고 비교하는 구조는 정작 우리 자신의 합당한 욕망을 무시하는 것으로 향하고 타인의 척도를 통해 우리 자신에게 가장 좋은 척도를 결정하게끔 만든다.

정서 모방 과정이 도달하는 결과는 일반적으로 인간의 특성과 관계된다. 우리는 누구든 우리와 유사한 자의 정서를 모방한다. 우리가 사랑하는 것을 남들도 사랑할 때 우리 사랑도 힘을 얻으며 남들이 사랑하지 않는 것에 대해서는 우리도 의문을 가지게 된다는 것은 매우 단순한 사실이다. 우리의 참된 욕망에 대한 이런 망각과 소외가 드러내는 요점은 다음과 같다. 우리는 끊임없이 타인의 욕망을 통해 안도를 느끼고 타인의 견해에 의지해 우리의 불확실한 코나투스를 강화하고 활기차게 만들고 싶어 한다는 것이다.

타인들이 우리가 사랑하는 것을 사랑하지 않는다고 가정해 보자. 우리는 우리 사랑을 의심하게 된다. 그 사랑에 대한 타인의 시선인 미움과 우리가 느끼는 사랑의 기쁨은 뒤섞인다. 그렇게 되면 우리는 정서의 대상을 바르게 평가할 수 없게 된다. 이때 우리는 두 가지 가능성 앞에 선다. 하나는 타인의 가치, 선호, 기호에 맞추어 우리가 사랑하는 대상을 바꾸는 것이다. 우리는 친구의 친구를 좋아하게 되거나 지배적인 정치적 견해를 따라가게 되거나 유행을 이끄는 선도 그룹의 말을 경청하게 된다. 로만 그레이는 "그녀는 다른 이의 여인처럼 아름다웠다"라고 썼다. 그런 반응은 잘못된 것으로 보인다. 그러나 가장 나쁜 경우는 아니다. 타인의 기호와 가치에 우리를 맞추기 위해 우리 기호와 가치를 바꾸는 대신에 우리는 또한 우리가 가진 매력이나 폭력을 사용해 타인의 입맛과 기호, 입장을 우리 입맛과 가치에 맞추게끔 할 수도 있기 때문이다. 우리는 그런 정념을 명예욕이라고 부른다.

"자신이 사랑하거나 미워하는 것을 타인이 수긍하게끔 만들고자 들이는 노력은 명예욕이다. 여기에서 모든 사람은 자연적으로 타인이 자신의 기질에 따라 살기를 바라게 된다는 것이 귀결된다. 그리고 이것은 모두가 원하는 것이다. 따라서 사람들은 서로 장애가 된다. 모두 사랑과 칭찬을 원하기에 그들은 서로 미워하게 된다."(『에티카』, 3부, 명제 31, 보충)

우리는 이 지점에서 사랑, 존중, 인성에 대한 보편적 요구가 미움과 착오로 귀결된다는 사실에 도달한다. 모두 사랑받기를 요구하고 자신이 사랑하는 것을 남들도 사랑하기를 바라기 때문에 이 세계에 미움이 만연하는 것이다. 역사에 오명을 남기는 추악한 감정이 오늘날의 우리 세계를 지배한다. 종교 전쟁, 종교 재판, 난폭한 선교, 스탈린주의, 문화 혁명, 성전, 채식주의자의 전투적 선전, 흡연을 향한 혐오감 등등 그 목록은 끝이 없다. 모든 시대와 모든 지역에서 사람들은 그들의 가치와 기호, 선택을 타인에게 강압적으로 강요했다는 것은 부정할 수 없다.

물리적이거나 도덕적인 모든 폭력의 배후에 탐욕과 권력욕만 있는 것이 아니다. 그 배후는 불확실하고 약한 우리 욕망도 한몫을 한다. 욕망에 대해 확신할 수 없기 때문에 우리는 모든 세계가 동일한 것이기를 바라게 된다. 사실 우리가 사랑하고 원하는 것이 불분명하기 때문에 타인들 또한 우리가 사랑하는 것을 사랑하고 원하는 것을 바라보면서 우리 사랑과 욕망의 선택이 옳았다는 것을 확신할 수 있기를 바라는 것이다.

그런 감정은 한 사람만이 소유할 수 있는 것, 즉 배타적 욕망의 대상을 접하게 될 때 악화된다. 다른 많은 사람이 욕망하는 여인을 우리 또한 욕망할 때나 다른 사람들이 원하는 자리를 우리 또한 바라게 될 때가 그렇다. 이때 융합할 수 없는 두 가지 요소가 우리를 더욱 부추기는 것으로 보인다. 하나는 많은 사람이 원하는 것일수록 욕망할 만한 가치가 있어 보인다는 것이다. 다른 하나는 다른 사람들도 원하지만 얻기 힘든 것일수록 원할 만한 가치가 있어 보인다는 것이다. 모든 사람이 원하는 것을 우리도 원하지만 동시에 그것은 오직 한 사람만이 차지할 수 있다는 것을 의미하는 이런 배타적 상황에서 우리는 모두 경쟁과 갈등에 휩싸이게 된다. 우리를 힘들게 하는 것을 따라갈수록 우리 욕망도 강해지는 것이다. 이때 우리는 시기, 질투, 폭력, 전쟁과 같은 탈출구를 필연적으로 갈구하게 된다. 상호 보완적인 두 구조가 난폭한 정서를 부추기게 된다.

상호성의 욕구

정서 운동의 구조는 정서의 모방이 움직이는 양상을 통해 이미 대략 설명했다. 우리는 사랑을 하고 우리의 사랑을 받는 대상과 연결되는 것만으로는 만족하지 않는다. 우리는 또한 사랑받기를 원한다. 우리는 우리가 느끼는 정서가 상호적이기를 원하는 것이다. 그 결과로 사랑이 되돌아오지 않는 한 사랑은 미움과 뒤섞인다. 누군가에게 좋은 일을 했다고 믿을 때 배은망덕하다고 증명된 이들을 우리는 미워한다. 우리의 사랑은 독재자의 모습을 가지고 있다. 사랑받는 이에게 사랑해줄 것을 요구하고 그렇지 않을 때 미워할 것이라고 협박한다. 우리가 미움의 상호성을 생각할 때도 똑같은 일이 벌어진다. 누군가 우리가 잘되지 않기를 바란다고 쉽게 확신한다. 그리고 다음 차례로 그런 악의를 품은 자 또한 잘되지 않기를 바라는 악의를 쉽게 품는다. 타인에게 감정을 투사하면서 우리는 또한 그 감정을 증폭시킨다. 만일 우리가 어떤 한 사람을 싫어하기 때문에 그도 나를 싫어한다고 상상한다면 그것은 그를 더 미워할 만한 이유가 될 것이다.

감정은 상반된 감정에 의해 강해진다

앞에서 든 예는 사랑이 쉽게 미움으로 변한다는 것을 증명한다. 즉 정념은 쉽게 그와 상반되는 것으로 변화하는 것이다. 그런 역전은 우리의 정념을 약화시키기는커녕 강화시킨다.

"슬픔이나 기쁨, 미움이나 사랑에 따른 욕망은 그런 정서가 클수록 크다."(『에티카』, 3부, 명제 37)

"사랑하는 대상에 대해 미움을 가지기 시작해 결국 그 사랑이 전부 사라진다면 (동일한 원인에서) 전혀 사랑하지 않았을 경우보다 더 많이 미워하게 될 것이고, 전에 그 사랑이 컸다면 그것에 비례해 미워하게 될 것이다."(『에티카』, 3부, 명제 38)

감정은 쉽게 반대되는 감정으로 변화된다. 그리고 그 감정은 처음의 정서가 강할수록 강하다. 우리가 나눈 사랑이 클수록 이어지는 미움 또한 커질 것이다. 이루어지지 않은 사랑이 미움으로 변화하는 것 역시 그렇다. 사랑의 이름으로 상대를 살해하는 경우 또한 이에 해당할 것이다. 이전에 멸시나 두려움의 감정을 품었던 사람이 비상한 사람처럼 보이기 시작한다면 비상해 보일 때 느낀 감정은 과거의 멸시나 두려움의 감정보다 더 강할 것이다. 반대 감정을 이용해 사랑의 감정을 소멸시키고 내동댕이치기 위해 자신에게 사랑받는 사람을 철저하게 잔인한 사람이라고 상상하는 경우도 이에 해당할 것이다.

이렇게 돌고 도는 그릇된 정념의 희생양에서 어떻게 벗어날 수 있을까? 우리가 이 책에서 이미 해온 것처럼 정념의 구조를 이해할 수 있도록 노력하고 정념의 연결고리를 따라가보는 것이 그 첫걸음이다. 그러나 우리 자신을 더 잘 이해하고 더 잘 제어하려면 인간과 우주 안에서 인간이 차지하는 자리에 대한 생각을 다시 고려해보아야 한다. 이어지는 2장에서 우리는 이런 문제를 다룰 것이다.

짚고 넘어가기

1   당신을 가장 강하게 사로잡고 있는 것과 당신이 가장 신뢰하는 가치, 이념, 기획에 집중해보라. 그 이념, 사람, 기획이 정말로 당신의 열정을 불타오르게 하는가? 아니면 그것이 무엇이든 참된 이유 없이 그저 사랑하고 욕망하고 믿을 필요가 있기 때문에 그렇게 하는 것인가? 그런 맹목적 믿음이 당신에게 어떤 유용성을 가져다주는가?

2   어떤 것, 즉 특이한 것, 전문적인 것, 이념적인 것, 문화적인 것 등은 당신을 한눈에 사로잡기도 한다. 그 대상을 당신이 결정할 수 있는가? 감정에 연관된 것, 사로잡혀 있다는 그런 감정을 불러일으키는 것은 사람인가, 아니면 그 대상 자체인가? 혹은 다른 대상인가? 그것은 우연히 그 대상과 연결된 것인가? 아니면 또 다른 대상과 그것이 닮았기 때문에 그런 일이 일어난 것인가?

3   타인의 욕망이 당신의 욕망에 영향을 주거나 당신의 욕망

을 불러일으키는 것을 어느 정도까지 묵인할 수 있는가? 당신의 욕망은 타인의 욕망에 맞춰진 것인가? 아니면 반대로 타인의 욕망에 반하는 것을 욕망하는가? 결국 다른 사람들이 어떻게 욕망하고 그것이 어떻게 우리 욕망을 불러일으키는지를 밝혀낼 때 그곳에서 본원적인 욕망의 선을 발견할 수 있는가?

4 당신의 욕망에서 가장 귀한 것, 당신이 궁극적으로 찾는 것은 무엇인가? 욕망의 실현이 가져오는 단순한 만족인가? 아니면 타인의 시기가 덧붙여진 존경인가? 사랑하면서 당신이 더 나아가 추구하는 것은 사랑하는 것인가, 아니면 사랑받는 것인가?

필연성에
대한
사랑

정서적인 방황의 배경에는 인간의 심리 구조만 있는 것이 아니라 인간과 자연 안에서 차지하는 자리에 대한 형이상학적 이미지 또한 존재한다. 사실 우리는 인간을 '제국 속의 제국'으로 생각한다. 즉 인간은 환경에 지배적 힘을 행사하고 왕국의 왕처럼 자신의 삶을 통치하며 신이 계시한 법에는 복종하지만 자연의 힘에는 따르지 않는다고 믿는 것이다. 그처럼 인간은 자연 한가운데에 있는 이례적인 존재, 완전한 권리를 가진 작은 신이다. 그러나 인간은 다른 것들이 그러하듯이 자연을 구성하는 한 부분이며 자연의 힘과 법칙에 순종하는 존재다. 인간은 그 자신을 스스로 통치한다는 오만한 시각에 걸맞은 존재일 수 없다. 인간은 스스로 전능하다는 감정과 많은 격한 감정 앞에서 느끼는 무력함 사이를 오고 가는 존재다. 인간이 자신을 자유롭고 독립적이라고 느낄수록 더 쉽게 감정의 환상에 굴복해 감정에 휩쓸리게 될 것이며 그런 감정을 실현시키고 감정과 맞서기 위해 더욱더 자신을 자유로운 존재라고 상상할 것이다.

스피노자에 따르면 그런 인간의 왜곡된 이미지는 종교가 만들었다. 분명히 다소 합리적이고 정상적이며 현명한 종교도 있다. 그러나 종교는 공통적으로 모두 인간에게 과장되고 근거 없는 희망과 두려움을 제공한다. 만일 우리가 많은 부분, 각종 종교가 만들어낸 신의 이미지에서 자유로워졌든 그렇지 않든 인간은 언제나 종교에서 생겨난 인간에 대한 관념의 죄수다. 그런데 자신을 통치하고 마음대로 스스로 변화할 수 있는 자의적 자유를 소유한 존재, 자연 법칙 위의 존재, 완전한 인간의 모델과 일치할 수 있는 존재는 많은 경우 인간과 무관하다. 그리고 그것은 초월적 가치, 선과 악에 대한 경직되고 자의적인 관념의 역할에서 기원하는 것이다.

예언자, 성인, 신학자 등과 같은 종교적 인간은 우리가 그렇게 믿고 있는 것처럼 현자가 아니다. 스피노자는 오히려 정확하게 그 반대로 이야기한다. 종교적 인간은 그들 자신이 부인하는 척하는 과잉된 욕망과 감정의 노예다. 그들은 이 세계에서든 다른 세계에서든 가장 기이한 욕망의 실현을 예언하는 상상의 존재에 순종한다.

스피노자는 『신학정치론』의 서문에서 다음과 같이 쓴다.

"만일 사람들이 계획된 그림에 따라 자신의 일을 완전히 통제할 수 있다면, 혹은 운이 항상 그들에게 호의적이었다면 그들은 결코 미신에 사로잡히지 않았을 것이다. 그러나 그들은 종종 빠져나올 수 없는 극단적 상황에 처하며 무절제하게 불확실한 행운을 욕망하기 때문에 끝없이 희망과 공포 사이를 오간다. 따라서 그들이 너무나 쉽게 무엇이든지 믿게 되는 것은 너무나도 자연스러운 일이다."

그리고 더 나아가 다음과 같이 쓴다.

"그들은 셀 수 없이 많은 종류의 상상의 결과물로 빠져든다. 그들이 자연을 해석할 때 그들은 자연이 마치 그들과 함께 미친 것마냥 온갖 곳에서 기적을 발견한다. 그런 조건에서 무절제하게 불확실한 운을 욕망하는 자들이 바로 모든 종류의 미신에 가장 열광하는 자들인 것이다. 특히 위험에 휩싸여 벗어날 방법을 알지 못하는 자들은 나약한 눈물과 기도로 신의 도움을 갈구한다. 그들은 이성을 (자신들이 갈망하는 허황된 것을 얻을 수 있는 확실한 길을 보여주지 않는다고 해서) 장님이라고 부르며 인간의 지혜를 헛되다고 말한다. 반면 상상에 의한 갖가지 망상과 꿈, 여타 터무니없는 것들을 신의 응답으로 여긴다. 나아가 신이 현자를 싫어하며 자신의 계시를 신의 정신이 아닌 동물의 내장에 썼다고 생각한다. 그리고 바보, 광인, 새가 신성한 영감이나 예감으로 신의 뜻을 계시한다고 여긴다. 인간을 이런 광기로 몰아가는 것이 바로 공포다."

결국 대개 세속적이며 물질적인 욕망 때문에 우리는 우월한 존재가 여기와는 다른 정신적인 저 세상에서 우리가 욕망하는 것들을 충족시켜줄 수 있다고 상상하는 것이다. 그런 욕망에 더 많이 시달리고 그런 욕망을 갈구하고 만족하지 못할수록 종교적 환상을 더 쉽게 믿고 더 쉽게 그런 환상의 희생양이 된다.

종교적 인간은 어떻게 신의 단죄와 은혜라는 환상을 만들어내는가? 스피노자에게 종교적 소외의 구조는 정서적 소외의 구조와 거의 유사하다. 유약하고 겁이 많을뿐더러 넘치는 정서로 흔들리기 때문에 종교적 인간은 자신의 환상을 포기할 수 없다. 분명 각종 종교가 종교적 인간에게 거래를 제안하는 완벽하게 불가능한 욕망, 거의 제정신이 아닌 욕망이 있다. 예컨대 영원한 삶에 대한 욕망, 신체의 부활, 우리가 저지른 과오를 응징할 사후의 심판, 우리에게 악을 행하는 자들에 대한 처단, 우리의 헌신에 대한 보답 등이 그것이다. 그러나 무엇보다도 상당히 속좁고 협소한 다양한 종교적 욕망이 있다. 그것은 행운을 잡기 위한 의지, 우리의 통제를 벗어나는 것을 지배하고자 하는 의지로 요약할 수 있다. 다시 말해 이것은 우리의 변덕에 자연을 굴복시키고자 하는 욕망이다. 종교적 믿음의 환상을 낳는 것은 무엇보다도 과잉되고 비현실적인 욕망의 환상인 것이다. 종교인은 분노에 사로잡힌 고행자일 뿐이다. 사실 그는 탐욕스럽고 속물적이다. 더 나쁜 것은 그런 불가능한 욕망의 이름으로 일어나는 일이다. 그것은 실현 가능한 욕망, 합법적 욕망, 그 자신의 포기로 귀결된다.

스피노자는 자신의 주저인 『에티카』를 신에 대한 잘못된 관념을 교정하는 것에서 시작한다. 잘못된 신의 관념에서 유래하는 인간의 관념을 바로잡는 것은 진작 실행되어야 했다. 우리는 이 지점에서 이전과는 전혀 다른 길을 가져올 것이다. 우리는 자신의 욕망에 의해 지배당하고 움직이는 존재인 인간에서 출발할 것이다. 우리는 계속해서 우리가 자신에 대해 만든 관념을 분명히 하고 우리의 역량, 가능성의 본성과 우주 안에서 차지하는 위치에 대해 더 적합한 관념으로 잘못된 소외의 마법을 부수기 시작할 것이다. 우리는 앞으로 수수께끼 같은 단어인 '신'의

의미에 대해 주의를 기울일 것이다.

우리는 우선 전능한 의지와 무한한 자의적 의지로 이해된 자유에 대한 관념을 포기해야 한다. 그러나 그런 환상으로서의 자유의 포기가 사실 자유의 획득이다. 그렇게 해야 도달할 수 없는 우리 자신에 대한 관념과 의지의 횡포에서 벗어날 수 있다. 정말 우리의 속성이라고 말할 수 있는 것들, 우리에게 좋거나 나쁜 것들, 그리고 소위 진정한 자유에 도달하기 위한 방법은 그런 자유의 관념을 포기하는 길뿐이다. 우리는 또한 이 세계가 우리 인간에게 적합하게 만들어졌다는 믿음을 포기해야 한다. 세계가 우리의 희망 사항에 합당하게 만들어졌다는 믿음은 또한 이 세계가 우리의 선행에 보답할 것이라는 믿음으로 이어진다. 그러나 이것은 세계가 우리에게 적대적일 때 세계가 우리의 악행을 처벌하고 있다는 믿음의 다른 표현이다. 따라서 우리는 선과 악, 완전과 불완전의 관념에 대해서도 역시 의문을 제기해야 한다.

짚고 넘어가기

1   당신의 내면을 관통하는 욕망을 생각해보라. 당신이 그 욕망을 얻기 위해 어떤 노력을 하든 사실 그것은 실현될 수 없음을 마음 깊은 곳에서 알고 있는가? 그것을 안다는 사실이 당신에게 어떤 영향을 미치는가?

2   당신의 근본적인 믿음에 대해 생각해보라. 그런 믿음 중 어떤 믿음의 주요한 역할은 당신이 행하는 선택의 참된 모습을 당신에게 숨기는 데 있거나 혹은 참된 당신의 모습을 숨기는 데 있음을 받아들일 수 있겠는가? 그런 믿음이 없다면 당신은 어떤 사람이 될까? 어떤 환상이 사라지거나 또 다른 가능성이 당신에게 열린다면?

자유의지의 신화

인간에게 자의적인 자유는 가장 명백한 것으로 보인다. 오만스러운 태도로 우리는 인간과 동물을 구분해주는 것은 자유의지라고 믿는다. 자유의지는 광기 혹은 야만과 합리적 인간을 구분하게 해주며 인간 이외의 다른 피조물이 갖지 않은 어떤 위엄을 인간에게 부여해준다고 믿는 것이다. 민주적으로 행동하고 정치적 자유를 누리며 권리를 가질 자격이 있는 것은 오직 자유의지 때문이라고 믿는다. 다시 말해 자유의지가 우리 인간을 가축과 같이 취급하거나 지배하는 것을 용납하지 않는 것이다. 자유의지가 없다면 우리가 지닌 위엄과 인간성은 즉시 부인될 것이다.

의지의 승리

그렇게 인간을 특별한 존재로 만드는 내면의 자유란 무엇인가? 마음대로 선택할 수 있는 자유가 중요할 것이다. 즉 완전하게 독립적으로 결정하기, 네 혹은 아니오라고 말하기, 나아가거나 물러서기, 수락하거나 거부하기, 자거나 깨기, 먹거나 먹지 않기, 우파나 좌파에 투표하기 등을 선택하는 것. 그런 자유가 없다면 단순히 인형, 기계, 더 좋은 경우에 본능에 따라 행동하는 동물이라고 말해야 하지 않을까? 그런데 우리의 오만함은 거기에서 멈추지 않는다. 우리 인간은 자신의 행동을 선택할 수 있는 존재이기 때문에 자의적으로 그 어떤 선택이라도 할 수 있으며, 이성이 우리에게 명령한 것이라면 그 어떤 결정도 따를 수 있는 의지의 힘을 부여받았다고 믿는다.

인간의 위대함은 바로 이런 힘에 있다. 그런 의지를 통해 인간은 문자 그대로 자기 자신을 창조하고 마치 조각가처럼 만들고 건축가처럼 세우게 된다. 오로지 자기가 원하는 행동을 결정하면서 자신이 누구인지를 결정하기 때문이다. 그런 점에서 인간은 신과 유사하다. 신은 무에서 세계를 창조했듯이 인간은 자신의 의도, 영감, 가치에 따라 자신의 삶을 창조한다.

우리가 경험한 일은 이따금 이런 관념을 지지하는 것으로 보인다. 우리는 스스로 설정한 목적을 성취하기 위해 상당한 노력을 경주한다. 그때 우리는 우리 자신을 뛰어넘고 습관에서 벗어나는 인상을 받는다. 결과적으로 우리는 종종 우리 삶을 바꾸고 우리 자신을 재발견한다. 그런데 종종 원칙, 헌신, 좌절과 유혹에 저항하는 힘 때문에 우리는 또 자신을 비웃기도 한다. 결국 자신의 의지의 힘만으로 성공하지 못했음을 선언하는 예술가, 정치인, 기업인을 이해하지 못하는 사람이 있는가? 반대로 의지를 잃었음을 비난하면서 의지박약, 무기력, 실패를 비웃기도 하지 않는가?

의지와 욕망

설령 우리가 승리의 경험을 해보았다 할지라도 의지 때문에 노력을 경주할 수 있다는 것을 증명하는 근거는 어디에도 없다. 우리는 사실 정반대의 경험도 하기 때문이다. 어떤 프로젝트를 앞두고 우리는 끝없이 완수해야 할 의무를 떠올린다. 그런 모든 경고에도 해야 할 일을 다음으로 미루면서 무기력하게 아무 일도 하지 않는 경우도 있다. 어떤 사람은 파트너와 맺은 관계를 끝내길 원하고 매일 그렇게 말하면서도 계속해서 불편한 관계를 몇 년이고 이어간다. 어떤 이는 직장을 옮기길 원하고 매일 아침 구인 광고를 살펴보지만 단 한 번의 면접시험에도 지원하지 않는다. 그리고 어떤 이는 금연과 식이요법을 원하지만 아침

마다 하는 결심이 그날 저녁 흐지부지되기 일쑤다.

그런 상황에서 실패는 오직 의지 때문일까? 대답이 그렇지 않다라고 한다면 우리가 실제로 프로젝트를 완수할 때 의지 이상의 무언가 때문에 그 프로젝트를 완수하게 되었음을 받아들여야 하지 않을까? 아마도 우리가 우리 자신에 대해 가지고 있는 피상적이고 정형화된 관념이나 혹은 우리가 의식적으로 생각하고 있는 것과는 또 다른 본질적인 것 때문은 아닐까?

다음과 같이 가정해볼 수도 있다. 자유의지가 강력해 보일 때, 중요한 일에 착수하는 데 성공했을 때 우리를 이끈 것은 사실 자유의지가 아니라 저항할 수 없는 욕망은 아니었을까? 단순히 말해 우리는 유리한 상황의 도움을 이용한다. 우리를 행위로 이끄는 힘은 의지가 목적으로 여기는 것과 동일하다. 우리에게 힘을 준 것은 자유의지가 아니라 다른 어떤 것인데도 우리에게 힘을 준 것이 의지라고 믿게끔 유혹한다.

얼어붙은 호수에서 스케이트를 타고 있는데 바람이 불어와 우리를 앞으로 밀어냈다고 상상해보자. 엄청난 속도가 정말로 다리에서 나온 힘의 결과라고 생각하는가? 반대의 경우 뒤에서 불어와 우리를 앞으로 밀어내는 바람에 저항하고자 노력했는데도 발가락이 앞으로 나아가는 것을 막지 못했다면 유약한 자유의지 때문에 그렇게 된 것일까? 이런 상황에 포함된 모든 근거로 볼 때 논의 방향을 바꾸어 다시 근거를 세울 필요가 있다. 즉 바람을 부정할 것이 아니라 바람을 쫓아 다른 표식을 찾아야 한다. 우리가 이 일을 하지 못하게 막는 것은 자의적 자유에 대한 믿음이다. 우리의 자유, 뛰어난 의지를 증명하기 원하기 때문에 지칠 때까지 바람에 맞서 스케이트를 타보려고 안간힘을 쓰며 노력할 수는 있다. 그러나 그럴 때 그런 자유의 믿음이 한 발 더 나아가 우리 잠재력을 현실화하는 것과 역량을 증대시켜주는 진정한 자유를 방해한다. 우리는 오히려 그 바람, 한계 등에 기대어 역량을 증대시켜야 한다. 그것들에 맞서는 대신, 그러니까 그것들을 브레이크가 아니라 모터로 사용하는 방법을 알아내야 하는 것이다.

자유로운 선택인가 혹은 욕망할 수 없는 것인가?

요약해보자. 어떤 곳에 가길 원하지만 바람이 불어와 우리를 밀쳐낼 때 우리가 움직이는 것은 오직 의지에 달려 있다고 믿는다. 바람이 우리를 생각과는 다른 방향으로 밀쳐낼 때 우리는 원칙과 의지를 망각했다고 자책한다. 그러나 매우 잔잔한 바람이 불어올 때도 있다. 바람이 사방에서 매우 평온하게 불어온다. 이때 우리는 앞선 상황과는 상반되는 여러 욕망에 자극받는다.

그런 상황에서 우리는 서로 일치하지 않는 욕망에 혼란을 느낄 수도 있고 확실하고 냉철한 동기의 부족을 느낄 수도 있다. 그 어떤 것도 우리를 자극하지 않기 때문에 무엇이든지 자의적으로 선택할 수 있는 것으로 보인다. 그때 우리는 자의적 자유로 무엇이든 할 수 있다고 느낀다. 무심하게 앞으로 나아갈 수도 있고 뒤로 물러설 수도 있다. 수락할 수도 있고 거부할 수도 있다. 마실 수도 있고 먹을 수도 있다. 무엇을 하든 결과적으로 우리에게는 모두 동일한 것이다. 어떤 것이든 다 좋은 상황은 작은 의지력을 요구할 뿐이다. 그런데 그런 상황은 우리 의지의 자유와 관련된 그 무엇이 아니라 단지 우리 욕망이 아직 결정되지 않았다는 것을 보여줄 뿐이다. 우리가 마침내 한 가지 결정을 했을 때 선택의 의지 때문에 결정을 한 것이 아니라 그중 하나를 채택할 수 있도록 서로 상반되는 의지 사이에서 힘의 관계가 변화한 것이기 때문임이 분명하다.

최근의 신경생리학 연구는 스피노자가 주장하는 이런 요점을 지지해준다. 인간의 뉴런 운동에 대한 연구는 인간의 '판단' 문제를 다룬다. 벤저민 리벳은 판단의 원인은 사실 의지가 아니라 신경 전달 물질의 변화이며, 신경 전달 물질의 변화가 일어난 다음 0.5초에서 1초가 지난 후에야 그런 변화를 정신이 의식한다는 사실을 보여주었다. 진정한 결정은 우리가 의식하기 전에 이루어진다. 즉 그것은 우리가 원하든 원하지 않든 그 여부와 무관하게 이루어지는 것이다. 의식적 결정, 즉 우리가 그렇게 자랑스러워하는 자유의지의 노력은 오히려 판단의 원인이 아니라 판단의 결과이며 우리 행위를 설명할 때 필요한 작은 부분인 것이다. 자유의지의 노력은 우리를 행동하게 하는 진정한 힘에 수반되는 메아리이자 그림자일 뿐이다.

이미 3세기 전에 스피노자는 다음과 같이 말했다.

"단지 자신의 행동은 인식하지만 그 행동을 결정한 원인을 모르는 것에서 이루어진 것이다. 그러므로 그런 자유의 관념은 그들의 행위를 결정하는 그 어떤 원인도 알지 못한다는 것에서 성립한 것이다. 그들이 인간 행위는 의지에 의존한다고 말하더라도 그것은 그들이 행위의 원인에 대해 아무런 관념도 가지지 않은 채 하는 말에 불과하기 때문이다. 그들은 의지가 무엇이며 그 의지가 어떻게 신체를 움직이는지 알지 못한다. 그들은 그것에 무지하지만 그것을 안다고 잘난 척하면서 본부를 차지하고 그곳에 머무는 영혼을 발명해낸다. 그리고 그런 모습은 조소와 혐오감을 불러일으킨다."(『에티카』, 2부, 정리 35, 주석)

내면의 욕망을 신뢰하라

오늘날의 신경과학은 "의지가 무엇인지, 그 의지가 어떻게 신체를 움직이는지"에 대해 잘 알려준다. 그러나 우리는 신경과학이 아직도 광범위하게 탐구하고 있는 것을 세부적으로 살펴보지는 않을 것이다. 이미 거기에 이어지는 결론을 포착할 수 있다.

자유의지가 강하게 느껴진다면 그것은 사실 애매하지 않은 분명한 욕망에 추동되기 때문이다. 자유의지가 약하게 느껴진다면 그것은 우리에게 활력을 주는 힘에 상반되는 방향으로 가고자 하기 때문이다. 우리가 무심하며 그래서 결정을 내리지 않는 데 자유롭다고 믿는다면 그것은 다만 우리 안의 서로 상반되는 욕망이 균형을 유지하고 있기 때문일 뿐이다.

우리는 어떤 사람의 기개, 의지를 그 사람의 이성과 함께 찬양한다. 그런 것은 지배적 욕망에 고무된 사람의 특성이다. 그들은 상반되는 욕망 때문에 혼란스럽지 않으며 자신의 욕망을 잘 알고 있다. 그런데 자의적 자유에 대한 믿음은 우리가 진정한 자유로 향하는 길을 방해한다. 의지의 힘에 대한 믿음은 진정한 힘과 우리를 멀어지게 한다. 우리를 행동하게 만드는 힘이 관념에 있다는 믿음 때문에 우리 안에서 잠자고 있는 힘에 주목하지 않는 것이다. 더 나쁜 것은 그런 자유의 이름이 우리를 진정한 힘에 반하는 길, 즉 우리 자신을 방해물로 만드는 길로 이끌어간다는 점이다.

짚고 넘어가기

1   당신의 인생에서 가장 중요했던 변화를 떠올려보라. 그리
    고 당신이 실현하고 변화를 유도한 일 가운데 가장 자랑
    스러워했던 경우를 떠올려보라. 그것은 의식적 결정에 따
    른 자발적 노력의 결과물이었는가? 아니면 종종 뭐라 말
    하기 어려운, 혹은 당신이 강하게 의식하지 못하는 내면
    의 힘이나 외부 조건의 힘이 이끌어낸 결과물이었는가?
    지금 당신은 한 발 떨어져 이 문제를 객관적으로 볼 수 있
    겠는가?

2   다소 길었을 뿐 아니라 우유부단했고 게다가 무력하기만
    했던 시기를 떠올릴 수 있는가? 당신은 그 상태에서 어떻
    게 빠져나왔는가? 상당한 의지의 노력이 따랐던 갑작스
    러운 결정 덕분이었는가? 아니면 이런 것과는 다른 해결
    책 덕분이었는가?

3   당신은 분명 새로운 날을 위한 해결책을 이미 알아냈다.

그 해결책이 당신을 행동하게 만들었는가? 아니면 반대로 당신을 더욱 옴짝달싹 못하게 만들었는가?

필연성을 따르라

우리가 자연에 대해 갖는 관념에는 이중의 오류가 있다. 우리는 모든 것을 자유롭게 선택할 수 있다고 믿으면서 자유로운 선택이야말로 우리의 내적 필연성이라고 생각한다. 그것은 또한 우리가 그런 내적 필연성에 따라 살 수 있을 뿐이라고 믿는 오류로 이어진다.

자신의 현재 모습과 다르게 행동할 수 없다

스피노자는 오직 신만을 진정 자유로운 존재로 생각했다. 스피노자는 다음과 같이 주장한다. 신조차도 그가 원하는 대로 이세계를 창조하는 자유를 가지고 있지 않다. 신조차도 자의적 자유를 행사하는 존재가 아닌 것이다. 그러나 스피노자와 달리 우리는 신이 이 세계와는 전혀 다른 세계를 창조할 수 있을 것이라고 생각하기를 좋아한다. 신은 아담이 금지된 과일을 먹지 못하게 하고 낙원에서 아담을 추방하지 않을 수 있었다. 신은 유다의 배반을 막을 수 있었으며 십자가에 매달린 예수의 소원을 들어줄 수 있었다. 신은 쇼아나 리스본의 지진을 막을 수 있었던 것이다. 신이 그렇게 하지 않았던 까닭은 바로 그렇게 하지 않는 것을 신 자신이 원했기 때문이다. 신은 인간의 운명을 결정하고 아담에 대한 처벌과 추방을 의도했다. 따라서 우리는 이런 사건이 의미를 가지고 있음에 틀림없다는 결론을 내린다. 이런 사건은 신이 인간에게 전달하기를 원한 메시지가 되어야 하는 것이다.

그러나 스피노자에 따르면 신은 세 개의 꼭짓점이 없는 삼각형을 만들 수 없는 것과 동일하게 이 세계의 진행 과정을 다른 것으로 바꿀 수 없다. 이 세계는 이 세계가 존재하는 방식 그대로 필연적인 것이다. 신은 그가 창조한 것 안에서 내적 필연성에 따라 사는 것 이외의 선택을 하지 않는다. 이 세계는 신의 역량을 표현한 것 이외의 다른 것이 아니다. 신이 그가 행하는 것, 그가 선택한 것 이외의 다른 것을 행할 수 있다면 이것은 신이 신이 아닌 다른 존재가 되기를 원할 수 있음을 의미한다. 이것은 신의 존재 방식, 신이라는 존재를 불완전하게 만든다. 그것은 불합리하다. 자유로운 존재는 그가 존재하는 방식대로 행동한다. 그는 본성의 함수 안에서 행동하는 것이다. 신이 자신의 존재 방식에 속하지 않는 다른 행위를 선택한다는 것은 그가 아닌 다른 존재이기를 선택한다는 사실을 함축한다. 그러나 자신의 존재 방식에 따르지 않는 존재, 즉 다른 존재가 되는 것을 선택한 신은 이미 이전의 그 신이 아닐 것이다. 따라서 신은 그가 행동하는 대로, 즉 필연적으로 행동하며 세계는 필연적으로 이미 존재하는 그대로의 세계다. 이 세계는 신이 자신의 필연적 본성에 따라 창조한 것이다.

이런 점에 대해서라면 인간이 누리는 자유의 문제 또한 다르지 않다. 우리는 우리 자신이 행동하는 방식과 동일하게 행동할 수 있을 뿐이다. 우리 행위는 다만 우리에게 속하는 것을 표현하는 것이기 때문이다. 다르게 행동한다는 것은 내가 아닌 다른 존재가 됨을 의미할 뿐이다. 선택한다는 것은 나 자신이 아닌 것을 선택할 수 있음을 의미한다. 올리브 나무가 사과를 생산하기를 원한다는 생각을 할 수 있는가? 개가 야옹거리고 고양이가 멍멍거리기를 원할 수 있는가? 개나 고양이가 그런 선택에 대해 생각한다면 그것은 우스운 일이 아니겠는가?

그런데 이런 점에서는 인간 또한 개나 고양이와 다르지 않다. 인간 역시 자신의 본성과 어긋나는 일을 선택할 수 없다. 인간과 다른 동물을 구분해주는 것은 자유가 아니다. 양자를 분명하게 구분해주는 것은 인간이 동물이나 식물보다 더 많은 행위의 가능성, 더 높은 적응력, 적합한 반응을 가지고 있다는 점이다. 인간은 여타 생명체보다 더 복잡하고 더 유연하며 더 지적이다. 즉 더 큰 역량을 가진 존재다. 하지만 그렇다고 해서 다른 동물들이 갖지 않은 자유의지를 인간만이 특권적으로 가지고 있는 것은 아니다. 우리는 무한하게 많은 일을 할 수 있다. 그러나 그것은 개가 짖고 고양이가 야옹거리는 것이 필연적인 일인 점과 같다.

우리는 우주의 필연성에 순응한다

그렇기는 하지만 우리 행위가 단지 비자발적으로 본성을 표현한 것만은 아니다. 신과 달리 우리는 무한한 존재가 아니기 때문이다. 반대로 우리는 끝없이 우리 행위를 제약하고 영향을 주는 다른 힘과 부딪친다. 우리는 홀로 존속할 수 없으며 환경의 그물망에서 도움을 받을 필요가 있다. 그리고 우리 행위가 본성을 표현하는 것과 다른 것이 아닐지라도 자연력과 우리에게 영향을 주는 사회의 힘은 우리를 변화시키고 분해하고 손상시킨다. 우리 행위는 결과적으로 중력, 생물 법칙, 이웃의 압력, 사회적 제약, 물리적이며 심리적인 필요 등과 같은 우리를 둘러싼 다양한 힘의 조화를 표현한 것이며 우리 자신 또한 이런 힘의 작은 부분으로 존재한다.

따라서 한편으로 인간에게 진정한 자유는 선택의 힘이 아니라 내적 필연성을 의미하지만 또 다른 한편으로 그런 내적 필연성은 결코 자연 전체를 표현하는 것이 아니다. 인간 존재가 자연의 필연성에 수용하는 한 자연의 전체 필연성은 우리 역량보다 더 강한 역량을 가지고 있기 때문이다. 자유에 대한 잘못된 관념을 포기해야 하는 것처럼 우리 인간이 진정한 자유를 얻는 것 또한 매우 어려운 일이라는 사실을 인정해야 한다.

상식적 의미의 자의적 자유가 왜 우리에게 해가 되는지를 잘 이해하기 위해 두 가지 점을 받아들여야 한다. 역설적이게도 그런 자유는 역량의 증대를 가로막는다. 자유롭다는 믿음 때문에 우선 우리는 자신에 대한 무지에서 벗어나지 못하며 거기에 이어 우리 앞에 놓은 진정한 제약에 대해 알지 못한 채 살아가게 된다. 본성에 대한 오해는 우리 역량에 타격을 가하고 우리를 제약하는 속박에 대한 오해는 그런 속박을 감내하도록 이끈다.

이제 우리의 개인적 발전에 가장 중요한 관건이 되는 것이 더욱 분명해졌다. 우리는 먼저 다음과 같은 의문에 답해야 한다. 자의적 선택의 힘이 답이 아니라면 우리의 내적이며 필연적인 힘은 무엇인가? 이어 우리 환경의 속박을 내적 필연성을 방해하는 것이 아니라 오히려 그것을 지속시키고 촉진하는 방식으로 변형시키려면 어떻게 해야 할까?

우리 자신의 실제 모습을 찾아가는 이런 과정에서 상식적 의미의 자의적 자유와 의지의 힘에 대한 완전한 포기를 배제할 수 없다는 것은 지당하다.

자신을 바꾸려 하지 말고 환경을 바꿔라

발전하기를 원한다면 다른 것으로 변화되길 원하지 않아야 한다. 우리 자신에 대한 견해를 바꿀 수는 있다. 그러나 우리 자신을 바꿀 수는 없다. 앞서 살펴본 대로 선택의 관념은 우리 자신이 아닌 다른 것이 되기를 원한다는 관념을 함축한다. 우리 행위는 필연성의 표현이며 따라서 필연적으로 우리 자신과 우리가 생각하는 것, 감각, 개인사에서 비롯된 것이다. 우리는 분명다른 행위의 가능성을, 다른 존재 방식을 상상할 수 있다. 그런 욕망과 몽상에도 좋든 싫든 우리 행위는 언제나 본성을 표현한 것일 수밖에 없다.

때로 우리는 자신이 너무 싫기 때문에 완전하게 다른 사람이 되길 바란다. 그러나 우리가 전혀 다른 존재가 되었다고 해보자. 이런 가정 아래에서라면 우리는 변화의 그 순간부터 더 이상 과거에 그런 변신을 원했던 그 사람은 아닐 것이다. 이것은 소방관의 꿈을 가지고 있던 배관공이 소방관이 되더라도 그 변신의 날을 경험하지 못한다는 것을 의미한다. 소방관은 더 이상 소방관의 꿈이 아니다. 그것은 전혀 다른 사람인 배관공의 꿈이었기 때문이다. 우리의 소방관은 정체성을 바꾼 것이 아니다. 반대로 그는 새로운 경험과 변화의 욕망을 통해 자신에게 내재되어 있던 본성을 드러내고 분명하게 했을 뿐이다. 그런 본성은 선택이 아니라 내적 필연성의 영역에 속하는 것이다. 직업을 바꾸면서 소방관은 그 자신을 창조하는 자유를 증명한 것이 아니다. 그는 자신의 발견과 성취의 필연성을 깊이 있게 파고들어간 것이다.

자발적 선택의 관념은 우리 역량을 강화해주지 않는다. 오히려 우리를 약화시킨다. 그 관념은 우리로 하여금 우리의 참된 역량을 왜곡시킬뿐더러 우리가 우리 자신에게 맞서도록 이끈다. 자발성의 관념은 우리의 것이 아닌 욕망을 가질 수 있다고 믿게 한다. 그리고 우리 자신의 욕망에 맞서 싸울 수 있는 척하게끔 이끌어간다. 그런 싸움에서 우리의 자발성(그리고 자발적 선택의 관념이 주장하는 모든 가치)과 욕망이 모두 동시에 반드시 패배한다. 승자는 없다. 스피노자에게 욕망은 "계속해서 실존하려는 노력"이며 그와 동시에 "인간의 본질이다." 따라서 의지와 욕망의 싸움이란 인간이 자기 자신을 상대로 싸운다는 말이

된다. 그때 그런 싸움은 욕망이 언제나 자신을 명백히 드러내려 하고 우리 행위를 이끈다는 사실에 타격을 가한다. 결과적으로 욕망은 약해지고 퇴색되고 가치가 떨어지게 된 것이다.

그런데 욕망의 외적 방해물, 즉 우리의 내적 필연성과 관계를 맺는 외적 방해물은 결과적으로 불필요하게 우리 에너지를 약화시키지 않을 수도 있다. 중요한 것은 우리 자신을 어떻게 바꿀 것인가라는 점이 아니다. 본성을 표현할 수 있도록 어떻게 외부 환경을 바꿀 것인가라는 점이 중요하다. 이것은 우리 본성에 적합한 외부 환경을 발견하는 문제이자 이미 존재하는 환경을 변형시키는 문제일 수도 있다.

외부의 필연성을 수용하라

우리는 분명 독립성과 자율성, 자족성을 꿈꿀 수 있다. 역량을 증대시키는 가운데 우리의 내적 필연성을 수용함으로써 결과적으로 더 많은 자율성이 가능해진다.

그러나 외부 환경에 대한 의존성에서 완전하게 벗어날 수는 없다. 그것이 가능하다고 상상하면서 우리는 한층 더 외부 환경이 행사하는 장애의 힘에 우리를 더 많이 노출하게 된다. 그 구조는 자의적 자유의 환상의 구조와 같은 것이다. 우리는 자유롭다고 생각하고 우리의 내적 필연성에서 멀어진다. 우리는 그때 더 이상 우리의 내적 필연성에 근원하는 힘을 이용하지 못하며 그렇게 우리 힘도 더 약해진다. 우리는 자율성을 믿지만 정작 우리와 관계를 맺고 있는 제약과 우리의 의존성을 포착하지 못한다. 우리는 그런 의존성과 제약, 우리가 의식하지 못하는 다양한 힘의 결과인 것이다.

이때 우리는 "어떻게 덜 의존적인 존재가 될 것인가?"가 아니라 "어디에 의존하는 존재여야 하는가?"라는 질문을 던져야 한다. "어떻게 덜 제약받는 존재가 될 것인가?"가 아니라 "우리 역량을 약화시키는 제약은 어떤 것이며 역량을 증대시키는 제약은 어떤 것인가?"라는 질문을 제기해야 한다. 인간은 힘의 측면에서 인간을 무한하게 넘어서는 자연의 일부일 뿐이다. 필연적으로 인간은 자연 안에서 자연의 제약을 받으며 살아간다. 우리가 자연에 의존하는 것은 필연적인 일인 것이다. 그런데 그런 의존에는 독이 되는 것이 있고 약이 되는 것이 있다. 파괴하는 제약이 있으며 구축하는 제약이 있는 것이다. 욕망을 자극하는 제약이 있으며 욕망을 질식시키는 제약이 있는 것이다. 이는 곧 우리 역량을 증대시키는 의존이 있으며 약화시키는 의존이 있다는 것을 말해준다.

환상으로서의 자유가 아니라 진정한 자유의 요체는 우리의 내적 필연성을 순순히 수용하는 것처럼 이런 제약과 의존 또한 순순히 받아들이는 것이다. 진정한 자유의 요체는 우리가 우리의 내적 필연성과 연결시킬 수 있는 제약을 인식하는 것이다. 모든 과학과 기술의 발전은 이런 원리에 충실하게 따른다. 교량, 비행기를 만들기 위해서는 중력의 제약을 알아야 한다. 그리고 건강을 살피고 더 오래 살기 위해서는 생물학적 유기 구조를 알아야 한다. 우리가 그런 제약을 무시하고 거부하기를 좋아한다면 첫 비행의 시도에서 이카루스처럼 날개를 불태우고 추락하게 될 것이고 병에 감염되어서는 살아나지 못하고 죽고 말 것이다.

다른 원리를 따라 우리 개인의 삶을 인도해서는 안 된다. 우리 욕망인 내적 필연성 혹은 사회적이고 물리적인 세계의 제약으로서 외적 필연성을 인식하는 데 우리의 진정한 자유가 달려 있다. 구원으로 가는 길은 필연성의 인식을 통해 그 필연성에 대한 진정한 사랑으로 우리 자신을 인도하는 것에 있다고 스피노자는 주장한다. 그것은 신에 대한 지적인 사랑 혹은 지복이다. 스피노자의 『에티카』는 바로 이 주제에서 마무리된다.

짚고 넘어가기

1   당신은 어떤 방식으로 선택을 했는가? 당신의 현재 모습
     을 바꾸는 방식이었는가? 아니면 반대로 이미 당신의 일
     부인 것을 강화하거나 깊이 있게 만드는 방식이었는가?
     그 선택이 당신의 삶을 만들었는가? 아니면 당신의 삶이
     그런 선택으로 이끌었는가? 당신이 전혀 다른 선택을 할
     수 있었다고 생각하는가? 그때 만일 전혀 다른 선택을 했
     다면 지금 당신은 전혀 다른 사람이 되었을 것이라고 생
     각하는가?

2   당신의 의지와 욕망, 의지와 깊은 본성 사이에서 갈등을
     느껴본 적이 있는가? 그런 갈등의 결과는 어떠했는가? 그
     리고 어떻게 그 갈등을 해결할 수 있었는가?

3   당신은 삶의 공포에 대면해 어떤 태도를 취하는가? 그것
     을 부정하거나 무시하고자 애쓰는가? 도망가려 하는가?
     아니면 오히려 당신에게 이롭게 이용할 수 있도록 그런

공포의 필연성과 의미를 이해해보고자 하는가?

4 의존의 대상이 사람이든 사물이든 물질이든 간에 당신의
의존성은 당신에게 어떤 감정을 불러일으키는가? 그런
의존성에서 벗어나고 싶고 완전하게 독립적인 존재가 되
고 싶은가? 당신은 그럴 수 있는 힘을 가지고 있는가? 당
신의 파괴적 의존성을 한층 더 건설적인 다른 것으로 바
꿀 수 있다고 생각하는가?

의지와 선택에서 벗어나라

이제부터 자의적 자유의 관념을 포기하는 것이 우리가 자신, 외부 대상과 맺는 관계를 어떻게 변형시키는지를 살펴볼 것이다. 우리 자신과 대면해 필연성과 결정론을 수용하는 것은 죄의식, 회한, 후회, 우유부단, 부적합함, 열등함 등의 감정에서 벗어나게 해준다. 외부의 다른 대상과 관련해서는 양심, 질투, 학대, 굴종, 분노, 애도 등의 감정에서 우리를 자유롭게 만들어준다.

나쁜 선택은 없다

우리는 이따금 회한과 후회의 감정에 사로잡힌다. 왜 그렇게밖에는 하지 못했을까? 조그만 더 빨리 알았더라면! 스무 살에 결혼하지 않았더라면! 공부를 계속했더라면! 그렇게 중요한 모임에서 내 생각을 말하지 않았더라면! 그에게 그렇게 조금만 더 늦게(혹은 더 빨리) 화를 냈더라면!

그러나 우리 의지가 자유롭지 않다는 사실을 받아들인다면 그런 질문은 즉시 별 의미 없는 것이 되고 우리 자신을 더는 다그치지 않게 된다. 오늘 우리에게 나쁜 선택으로 보이는 것이었을지라도 그런 선택은 본성, 상황, 그 순간의 인식의 결과였다. 그때 우리는 다른 선택을 할 수 없었다. 과거에 우리가 한 행동과 운명은 그런 상황과 인식, 본성 등의 필연적 결과물이다. 더 나은 선택을 할 수 있었으리라는 믿음은 회상적인 망상이다. 오늘날의 인식과 경험에 비추어 그때 더 나은 선택을 할 수 있었을 것이라고 오늘날의 우리가 판단하는 것에 불과하기 때문이다. 오늘날의 인식과 경험은 과거 그 사건 당시의 우리가 갖지 못했던 것이며 따라서 과거에 우리는 더 좋은 선택을 할 수 없었다. 무엇보다도 오늘날 나쁜 것으로 보이는 과거의 그 선택이 오늘날의 판단을 가능하게 만든 경험을 우리에게 가져다준 것이며 동시에 더 나은 선택지를 깨닫게 해준 것이다. 회고적으로 더 좋은 선택이 가능했으며 따라서 그것이 나쁜 선택이었음을 오늘날 깨닫게 되었다는 사실은 과거에 우리가 이해하고 해석한 조건 아래에서 그것이 나쁜 선택이 아니었음을 받아들여야 함을 말해준다.

　우리는 지난날을 회고하며 종종 현재의 양심과 경험의 법정 앞에서 과거의 우리를 비난하고 부끄러워하고 고발할 수도 있다. 그러나 우리 자신에 맞서는 그런 싸움은 우리 힘을 소진시킨다는 것을 잘 안다. 그런 부끄러움과 비난 등은 우리 상황을 변화시키지 못하며 미래만큼이나 과거 또한 변화시키지 못한다. 그것은 단지 우리 에너지, 자신에 대한 신뢰, 직관을 빼앗을 뿐이다.

자신의 선택을 받아들여라

우리의 지난 잘못을 비난하는 대신 우리는 그것들을 이해하기 위해 더 애써야 한다. 왜 나는 그때 필연적으로 그런 선택을 피할 수 없었던 것일까? 그 행동이 그때 당시의 나에게 어떤 의미가 있었던 것일까? 그리고 현재의 내게는 무의미한 것으로 보이는 그 행동이 지금의 내게는 어떤 의미가 있는 것일까? 우리 행동의 필연성, 어쩔 수 없었던 측면을 이해하는 것은 운명을 받아들이고 수용하는 방법을 깨닫는 것과 같다. 그리고 그것은 또 그것들을 가로질러 우리를 사랑하고 수용하는 방법을 깨닫는 일이기도 하다. 과거를 곱씹으며 후회하는 일을 그만두고 인생 역정을 수용하고 긍정하지 못한 채 현재에 충실하기란 불가능하다.

　우리가 과거에 내린 결정을 이끈 근거와 현재의 결정을 인도한 근거는 동일한 것일까? 우리는 자유롭지 않을뿐더러 우리 행위는 모두 필연적인 것이란 사실은 우리가 행위에 어떤 진정한 영향도 주지 못한다는 것으로 귀결되는가? 달리 말해 우리의 선택을 반성하는 일을 그만두고 그저 바람이 실어나르는 곳으로 가도록 내버려두기만 하면 되는 것일까?

선택은 인식이다

이런 질문은 꽤 미묘한 답변을 필요로 한다. 즉각적인 인상과는 반대로 스피노자는 반성 없이 행동하는 것을 권하지 않는다. 그리고 이것은 우리가 끝없이 의식의 검사를 치르며 모순과 망설임의 매듭을 세차게 끊어야 한다는 것 이상을 의미하지 않는다. 그리고 그중 하나를 선택해야 할 여러 선택지 때문에 생기는 고뇌 안에서 결정을 해야 한다는 것을 의미할 뿐이다.

　우리가 하기를 원하고 우리에게 주어지기를 원한다고 믿음에도 선택은 자의적 의지와 무관한 것임은 분명하다. 우리가 생각하는 것과 행위가 항상 의식적으로 주목하고 우리가 떠올린 영감의 결과인 것은 아니다. 의식적 의지는 다만 부대적 현상일 뿐이며 진정한 결과가 아니다. 의식적 결정과 반성은 공허하고 잉여의 것이 될 수 있는 것이다.

그러나 우리의 반성은 우리가 내린 결정에 영향을 미치는 복잡한 측면 또한 가지고 있다. 우리의 결정에 초점을 맞출수록 선택의 조건과 다른 선택지를 더 잘 알게 되고 결과적으로 더 좋은 것을 결정할 수 있다. 이것은 결정이 자의적 의지와 같다는 것을 의미하지 않는다. 비록 비자발적인 것이긴 하지만 이것은 우리의 관심사에 대한 정확한 인식이 결정을 이끌 수 있다는 것을 보여준다.

다시 말해 결정한다는 것은 선택을 한다는 것이 아니다. 선택에는 의지가 필요 없다. 어떤 선택은 주체의 자발적 의지가 결정하는 것이 아니라 축적된 정보의 결과를 표현하는 것이다. 따라서 선택은 반성의 결과가 아니라 인식에 기반을 둔 것이며 우리의 자유는 의지가 아니라 인식에 기반을 두는 것이다. 이는 우리가 처해 있는 환경에 대한 인식이 필연적으로 그 선택지로 우리를 인도했다는 것을 의미한다.

행위를 결정하는 것은 우리 자신과 우리 밖 세계에 대한 인식이지 의지가 아니다. 의지의 실천을 포기하라는 것은 아무런 실천도 하지 않는 것이나 비반성적인 충동을 비판하지 말라는 것을 가리키지 않는다.

생각은 행동이다

따라서 우리가 사유와 행위를 구분하는 것은 틀렸다. 관념은 행위와 이어져 있으며 진정한 관념, 명료한 관념은 필연적으로 적합한 행위와 관계를 맺는다. 반대로 우리 힘을 빼앗는 관념은 혼돈스러운 관념으로 적합한 행위로 표현되지 않는다. 혼돈스러운 관념을 가지고 있는 이상 우리는 스스로 무엇이든 자유롭게 선택할 수 있다고 믿을 것이다. 다만 그때 그런 관념은 우리 내부의 필연성과 관계하는 것, 즉 적합한 관념이 아니기 때문에 우리에게 영향을 주는 그런 혼돈스러운 관념의 결과를 행위로 표현하는 것 이외의 다른 것을 선택할 수 없을 것이다.

그래서 스피노자는 다음과 같이 쓴다.

"의지와 지성은 동일한 것이다."(『에티카』, 2부, 명제 49, 보충)

우리는 한편으로는 적합한 관념으로 이루어진 지성을, 그와 동시에 다른 한편으로 여러 선택지 중 가장 좋은 것을 자유롭게 선택할 수 있는 의지를 소유할 수는 없다. 적합한 의지를 함축하고 행위를 부추기며 현실화의 역량을 가진 것은 관념 자체다. 우리는 우리에게 잘못된 것으로 보이거나 흥미롭지 않거나 매력을 느끼지 않는 일을 원할 수 없다. 그리고 반대로 우리는 우리에게 참되게 보이고 매력적이고 흥미로운 일을 원하지 않도록 할 수도 없다. 그런데 분명 때로 우리에게 참되고 필연적인 것으로 보이는 일을 행하지 않기도 한다. 예컨대 금연이나 운동하기 등이 그런 일에 속할 것이다. 그런 일이 생긴다면 그것은 우리가 사실은 그런 계획의 진실성이나 필요성을 확신하지 않는다는 뜻이다. 즉 그때 우리의 관념은 여전히 혼돈된 관념이다. 그런 관념은 우리의 내적 필연성과 관계하는 대신에 우리를 우유부단하게 만든다. 그런 상황에서 우리의 관념은 아직 충분히 성숙한 것이 아니며 분명한 것도 아니다. 그때 우리는 왜 우리가 금연이나 운동을 실행에 옮겨야 하는지에 대한 참된 이유를 알지 못하는 것이다. 혹은 잘못된 관념이 문제가 될 수도 있다. 우리는 우리가 원하지 않는 것을 원한다고 잘못 알고 있다. 흡연 연구가인 로베르 몰리마르는 그런 가정을 실제로 확신한다. 어떤 사람들의 경우 담배를 끊지 않는 것은 금연 의지가 없기 때문이 아니라고 말한다. 그것은 다만 금연 의지가 충분히 무르익지 않았기 때문이다. 즉 그들이 금연을 선언하더라도 사실 그들은 금연을 원하지 않기 때문에 금연하지 않는 것이다.

우리의 우유부단, 혼돈에 대해 고백할 때가 왔다. 즉 우리는 의심하는 것이다. 우리는 회의가 능동적 의지라고 믿을 수 있다. 우리는 스스로 머리에 떠오른 어떤 관념을 믿지 않기로 결정했다고 믿는다. 우리는 결정을 미룰 수 있다.

그러나 스피노자에 따르면 이런 믿음은 다만 망상에 불과한 것이다.

"누군가 판단을 미루고 있다고 우리가 말할 때 그것은 그가 적합한 방식으로 사물을 지각하지 않는다고 말하는 것 이외의 다른 것이 아니다. 판단의 보류는 사실 지각이지 자유로운 의지가 아니다."(『에티카』, 21부, 명제 44, 주석)

사실 우리가 참된 관념을 가지고 있다면 그것을 행하는 것을 늦추길 원할 수 없다. 우리가 행하지 않는다면 모든 결정을 미루기로 결정했기 때문이 아니라 단지 행동하기에는 우리가 지닌 관념이 너무 혼돈된 것이기 때문이다. 적합한 관념을 가지지 않았을 때 우리는 자유롭게 행동하는 것이 아니며 적합한 관념을 가질 때 행동하지 않을 수 없다. 우유부단, 특정 행위를 선택하지 않는 행위라고 비난하는 것의 원인은 의지가 아니라 우리의 인식 상태인 것이다.

우리는 이제 스피노자가 자유라는 단어에 부여한 특별한 의미를 잘 이해할 수 있다. 원인에 의한 인식에서 행동할 때 우리는 자유롭다. 그리고 무지 안에서 행동할 때 우리는 부자유하다. 어떤 경우이든 우리 행위는 자유로운 선택의 결과가 아니다.

짚고 넘어가기

1   당신이 자책하는 일의 목록을 전부 다 써보라. 즉 지난날
     의 실수, 환멸, 어긋난 만남, 잘못된 결정 등등. 무엇보다
     도 우선 그렇게 할 수밖에 없었던 불가피함과 필연성에
     대해 이해해보고자 노력해보라. 그렇게 이해함으로써 적
     어도 당신이 그런 후회스러운 일을 원한 것은 아니라는
     사실을 받아들일 수 있게 되는가? 그러고 나서 다음 단계
     에서 그런 실수가 오늘날에는 어떤 의미를 가지는지 생각
     해보라. 즉 다시 말해 그것들이 어떻게 당신을 성장시키
     고 당신 자신에 대해 알게 해주었는가?

2   하루 내내 아무리 사소한 일에 관한 것일지라도 그 어떤
     결정도 하지 않도록 해보라. 예를 들어 아침을 먹으러 갈
     것인가, 어떤 옷을 입을 것인가에 관한 경우 말이다. 의식
     적 결정을 전혀 하지 않고 한번 살아보는 것이다. 그런 결
     정을 내리는 것에 신경을 쓰는 대신 당신을 둘러싼 여러
     환경, 조건과 당신이 본래 느끼는 기분을 집중적으로 관

찰해보라. 그러고 나서 그런 정보를 최대한 고려하면서 숙고하지 않고 본능적으로 행동해보라. 그때 당신은 평소보다 덜 능동적인 존재가 될까? 아니면 더 능동적인 존재가 될까? 당신은 쓸데없는 일을 비합리적으로, 미친 사람처럼 하게 될까? 그때 당신은 평소의 습관을 벗어나 행동할까? 아니면 훨씬 더 습관에 따라 행동할까? 당신은 그때 평소의 당신이라면 하지 않을 행동을 할 것인가?

3   반드시 해야 하는 일이 줄어드는 일요일에 한번 해보라. 만일 그날 평소에 하던 일을 하며 보내게 된다면 그것은 당신이 일상적으로 해야 하는 일과 일상적으로 관심을 두고 있는 일이 당신에게 매우 중요하다는 사실을 의미한다. 그때 아마도 당신은 의문의 여지 없이 매우 사소한 것으로 여겼던 일이 실제로는 매우 중요하거나 혹은 긴급한 일이라는 사실을 인정할 것이다.

4　동기 부여를 얻지 못하고 그래서 우리가 자신을 우유부단
하다고 느낄 때 우리는 스스로 어떤 결정을 내리지 못했
기 때문이라고 믿는다. 짐짓 그러는 척이 아니라 실제로
너무나 결정을 내리고 싶지만 결정을 내리지 못한다면 이
제 우리가 가진 의문의 방향을 바꾸어야 한다. 그렇게 해
보면 결정하지 못하도록 우리를 막는 것은 결정의 부재가
아니라 과정의 부재라는 사실이 증명될 것이다. 차라리
결정을 원하지 않는 것이 정신건강에 더 이롭다. 결정을
내리지 않더라도 많은 경우 관찰하고 정보를 얻으면서 가
장 좋은 행동을 하게 되는 것이다.

그들도 고의로 하지 않았다

모든 사물의 필연성을 이해하는 것, 자유의지의 환상을 포기하는 것은 우리가 우리 자신뿐만 아니라 다른 이들과 맞서며 살아간다는 생각에 종지부를 찍는다. 타인들과 맺는 감정적 관계의 밑바탕에는 다음과 같은 관념이 뿌리 깊게 깔려 있다. 즉 감정적 관계에 의해 그들이 마땅히 해야 할 일을 하지 않고 우리가 받아야 하는 대우에 걸맞게 그들이 우리를 대하지 않는다는 것이다. 우리는 때로 너무 멀리 나아가는 것 같다. 우리는 타인들을 그들이 한 행동 이상으로 질책한다. 그런 질책은 그들의 실제 성격에 걸맞지 않은 것이다. 동료, 부모, 배우자 등을 결코 질책하지 않는 사람은 그들과 잘 맞는 성격을 가졌기 때문에 그들을 질책하지 않는 것일까? 우리가 그렇게 생각할 때 지옥 같은 소용돌이 속으로 빠져들어간다. 타인들이 우리를 사랑하지 않거나 충분히 사랑하지 않는다면 혹은 우리가 원하는 만큼 사랑하지 않는다면 그것은 그들이 바람직한 사람이 아니기 때문일까? 아니면 우리 자신이 바람직한 사람이 되지 못했기 때문일까?

타인은 자신도 모르게 해를 끼친다

결정론의 필연성을 수용하면 악순환으로 들어서는 길을 단숨에 끊을 수 있다. 타인에게 가해지는 비난, 요구, 비방의 불합리성은 그런 행위가 자유의지의 결과인 양 여기기를 포기하고 그들의 행위가 숙고의 결과가 아니란 사실을 받아들일 때 명백해진다. 그런 행위는 행위자들이 알든 모르든 간에 연쇄된 원인의 결과다. 그들은 자신의 행위를 자유롭게 선택하지 않았고 자신들의 존재 역시 자유롭게 선택한 것이 아니다.

결정론의 가르침은 우리 상처를 치유하고 타인들을 더 잘 이해할 수 있게 해주며 정당하게 그들을 사랑하게끔 해준다. 인간에게 자유의지가 없다는 것을 받아들이는 데에는 세 가지 종류의 이로움이 있다. 우선 굴욕의 유독한 가시를 뽑아낼 수 있다. 누군가 분명한 의도를 가지고 우리에게 잘못을 가한 것이 아니란 사실을 이해할 수 있게 되기 때문이다. 적어도 그의 행동은 우리가 생각하는 것만큼 의도적인 것은 아니다. 그리고 우리는 이례적이고 능히 피할 수 있었던 것보다는 필연적이며 어쩔 수 없었던 것에 대해 훨씬 더 관대하다. 만물의 필연성에 대한 고찰은 불안과 분노를 가라앉혀준다. 마지막으로 각각의 사건과 사람들을 셀 수 없이 많은 조건의 결과로 봄으로써 감정은 점점 희석된다. 즉 이제 하나의 사건이나 단 한 사람에 초점을 맞추지 않으면서 정서는 안정을 찾는다.

우리에게 가장 큰 상처를 준 사람은 누구인가? 그는 우리에게 어떤 잘못을 했는가? 존경받고 감사의 인사를 받는 사람이긴 하지만 그 역시 예전에 의도적으로 우리에게 어떤 잘못을 했는가? 지울 수 없는 흔적을 남기는 잘못이 분명 존재한다. 어떤 잘못된 행위 이후에 우리에게 남겨지는 것이 결점, 병, 파멸일 수 있다. 그러나 대개의 굴욕, 즉 가장 큰 원한을 키우는 것은 이런 순서를 따르지 않는다. 연인이 배신했을 때, 친구가 의리를 저버릴 때, 배우자가 우리의 가치나 자격을 오해할 때, 이 가운데 어느 것이 가장 큰 상처가 되는가? 연인이나 친구를 잃는 일? 상사 혹은 고용주에 대한 존경을 잃어버리는 것? 아니면 누군가 고의적으로 우리에게 상처를 주기를 원한다고 느끼는 것?

우리의 자존감을 갉아먹고 원한을 키우는 타인의 잘못 중 가장 큰 것은 그 잘못된 행위의 과녁이 자기애를 겨냥해 굴욕적 상처를 주었을 경우다. 타인이 결코 자유롭지 않다는 것을 받아들인다는 것은 누군가 우리에게 잘못을 했을 때 그것이 그들의 고의가 아니었음을 단순하게 이해하는 것이다. 지나간 모든 경험, 열정적인 유명인사, 감정적이며 사적인 역사를 살펴보면 그것들이 우리에게 거짓말을 하고 우리를 모욕하고 배반하고 실망시킨다는 것을 알 수 있다. 그러나 이면에 그런 잘못을 우리에게 저질러야겠다는 어떤 자유의지가 존재하는 것은 아니다. 그런 잘못이 다른 사람들이나 우리를 직접적으로 겨냥하고 있는 것은 아니다. 그것에는 연쇄적인 원인이 있을 뿐이다.

동일한 사실에서 그런 장애는 특별히 우리 자신에게 겨누어진 것이 아니라 비자의적인 것일 뿐임을 알 수 있다. 눈사태에 휘말리거나 자동차 도난 사건을 당한다면 당신은 산맥이나 도둑이 특별히 당신을 지목하고 겨냥했다고 생각하지 않을 것이다. 당신은 다만 적절하지 않은 시간에 적절하지 않은 장소를 지나갔을 뿐이다. 지하철 안에서 술주정뱅이에게 해코지를 당했을 때 당신은 그 술주정뱅이가 특별히 당신을 겨냥해 해코지를 한 것이 아니란 사실을 이해할 것이다. 그 술주정뱅이에게는 당신처럼 차려입고 그 길을 지나가는 사람이라면 그 누구라도 좋았던 것이다.

적절하지 않은 순간과 적절하지 않은 장소

앞에서 말한 사실은 우리의 모든 만남과 그 만남에 기인하는 모든 관계에 동일하게 적용된다. 부모, 배우자, 동료가 우리를 적대적으로 대할 때 그런 적대감은 딱히 우리를 분명하게 겨냥하는 것이 아니다. 술주정뱅이가 그랬듯이 그 사람들에게도 다만 그렇게 차려입은 사람 혹은 그들의 감정 시나리오 안에서 어떤 역할을 맡은 사람이라면 누구라도 좋은 것이다. 자신의 아들을 시기하는 아버지, 아내를 미워하는 남편, 동료를 질투하는 직원이 있다. 불행하게도 당신이 그 아들, 그 아내, 그 동료의 역할을 맡고 있는 것이다. 당신은 다만 나쁜 시간에 나쁜 장소를 지나고 있을 뿐인 것이다. 즉 그 사람들이 생의 첫 경험에서 학습했던 정서적 오해가 하필이면 당신을 향해 반복되며 발현된 것이다.

동일한 조건의 구조가 타인을 사랑하는 것에도 적용된다는 것은 받아들이기가 더 어려워 보인다. 사실 누군가 우리를 사랑한다면 그들이 숙고 끝에 사랑하기로 선택한 것도 아니고 특별히 우리를 선택해 사랑하기 시작한 것도 아니다. 그것은 정서에 관한 그들의 시나리오가 결정한 역할을 맡기 위해 우연히 주어진 순간, 그 자리에 우리가 있었을 뿐이다.

우리의 생에서 벌어지는 일, 즉 우리가 사랑하는 사람 혹은 적의 행동과 같은 예기치 않은 일은 숙고된 의도에 따라 일어나는 것이 아니다. 그것은 다만 필연적으로 일어난 사건일 뿐이다. 그것에 대한 이해는 인생의 다양한 사건에 직면한 우리의 정서적 반응을 근본적으로 변화시킨다는 것을 알아야 한다.

"우리가 자유로운 존재라고 상상하는 것에 대한 사랑과 미움은, 같은 원인에서라면, 필연적인 것이라고 여기는 것보다 더 크지 않으면 안 된다."(『에티카』, 3부, 명제 46)

피할 수 없는 것으로 보이는 것은 피할 수 있는 것보다 우리에게 미치는 정서적 영향이 적다. 그것들을 변화시키는 일이 거의 불가능하다는 것을 알기 때문에 수학의 공리, 물리 법칙과 같은 것은 우리 기분을 거의 상하게 하지 않는다. 그러나 사람들의 이기심이나 연인의 변심은 우리를 쉽게 상심하게 한다. 나이 든 사람의 예정된 죽음은 어린아이의 예기치 않은 죽음보다 우리에게 애통함을 덜 느끼게 해줄 것이다. 그것은 우리가 후자보다 전자의 필연성을 수용하기 때문이다.

스피노자는 다음과 같이 쓴다.

"정신은, 그것이 만물을 필연적인 것으로 이해하는 한, 정서에

대해 더 큰 역량을 가진다. 달리 말해 덜 영향을 받는다."(『에티카』, 5부, 명제 6)

그리고 이어지는 주석에서 이렇게 쓴다.

"잃어버린 좋은 것에 대한 슬픔은 좋은 것을 잃어버린 사람이 어떤 방법으로도 좋은 것을 지킬 수 없었다고 생각하는 순간 가벼워진다는 것을 우리는 알고 있다. 이와 마찬가지로 유아가 말하고 걷고 추론하는 일을 하지 못하고 몇 년 동안 의식 자체가 없는 듯이 산다고 해서 아무도 걱정하지 않는다는 것을 우리는 잘 알고 있다. 그러나 만일 자연적으로 대부분의 사람이 태어날 때부터 어른이고 한두 사람만이 갓난쟁이로 태어난다면 사람들은 그 아이들을 불쌍하게 생각할 것이다. 왜냐하면 사람들은 이 아이들을 자연적이며 필연적인 것으로 보지 않고 자연의 오류나 잘못으로 보기 때문이다."

감정의 희석

필연성의 수긍은 우리 정서를 진정시키며 또한 정서를 변형시킨다. 우리가 느끼는 사랑과 미움은 우리 감정에 대해 책임을 져야 한다고 믿는 특정한 한 사람을 겨냥한 것이 아니다. 이런 사랑과 미움은 그에게 그렇게 행동하도록 만든 연쇄적인 조건, 인과관계와 연결된 것이다. 우리를 괴롭히기 때문에 사무실의 동료를 미워한다면 실제로는 그를 그렇게 행동하도록 만든 모든 것을 미워해야 한다. 그것은 사장, 그의 배우자, 그의 어머니, 그의 형제일 수도 있고 그들 모두일 수도 있다. 즉 수많은 사람에 대한 반동인 정서의 에너지는 그 필연성의 구조를 익히면서 약해질 것이다. 우리에게 잘못을 하지 않은 이들을 미워하는 것이 불합리한 일임을 깨닫는 것과 동일하게 우리는 우리에게 잘못을 범한 이들을 더 이상 미워하지 않게 될 것이다.

필연성과 인간의 부자유함에 대한 수용은 우리에게 또한 관용을 가르쳐준다. 남들이 모범적이지 않다는 사실에 화가 나지도 않을 것이다. 그리고 오히려 그들에게, 더 정확히는 그들이 독자성을 가지게 된 원인(어떤 측면에서 보면 일부는 그들에게 부적합한 것이겠지만)에 흥미를 느낄 것이다.

스피노자는 다음과 같이 쓴다.

"모든 개체는 자신의 상태를 지속할 최고의 권리, 즉 자연에 의해 결정된 대로 실존하고 행동할 권리를 가졌다. 이 점에서는 인간과 다른 자연의 개체들이 다르지 않으며 이성을 향유하는 이들과 참된 이성에 무지한 자들이 다르지 않다. 이 점에서는

바보, 광인, 정상인이 다르지 않은 것이다."(『신학정치론』, 16장)

　　바보, 광인, 환상 속에 사는 자, 극단적인 사람들 또한 실존하고 행동할 권리를 가진다. 이런 권리는 현자와 이성적인 자들의 권리와 전혀 다르지 않다. 우리는 그들이 숙고 끝에 그렇게 행동하는 것이 아니라는 것을 알기 때문에 그들에게 관용적인 태도를 보일 수 있다. 그들이 그렇게 행동할 수밖에 없게 한 원인을 알게 될 때 우리의 미움과 괴로움은 사라진다. 자연 전체와 관련된 정서는 특정한 한 사람이 아니라 인과관계로 이어진 원인에 초점이 맞춰질 때 희석되고 약해진다.

　　이런 관용은 분명 이론적 한계가 아니라 실천적 한계를 가진다. 분명히 하지 않는 편이 좋은 행동을 자주 하는 사람들이 있으며 사회에서 추방하는 편이 나은 사람들이 있다. 그런 행동은 가능한 모든 방법을 동원해 교정시켜야만 한다. 그래서 지금 우리는 악에 관해 관심을 가져야 한다.

짚고 넘어가기

1   당신이 과거에 받았던 가장 깊은 상처에 대해 생각해보
    라. 당신에게 상처를 준 사람이나 일을 용서하려고 애쓰
    지 말고 그런 결과를 이끌어낸 모든 원인을 생각해보려
    고 노력하라. 그때 자신의 어떤 면모에 대해서는 생각하
    지 않아야 한다. 사건의 필연성에 대해 이해하고 어떤 사
    람이나 일이 반드시 바로 당신을 겨냥했던 것은 아니라는
    사실이 상처의 양상을 바꾸거나 위안이 되지는 않는가?

2   어떤 사람과 갈등을 겪은 이후에는 당신의 태도를 변화시
    키려고 노력해보라. 그 사람을 이해하는 것이 가장 어려
    운 일이긴 하지만, 어떤 일이 당신이나 그 사람 때문에 일
    어나지 않았다는 사실과 당신이 그 사람을 결코 변화시킬
    수 없다는 것을 안다면 그 사람의 결점이나 잘못을 담담
    하게 받아들일 수 있겠는가? 그 행동을 체계적으로 받아
    들이고 관계가 변화했는지를 관찰해보라.

악은 나쁜 만남일 뿐이다

악의 실존에 대한 의문은 끊임없이 철학자들을 사로잡았다. 전쟁, 병, 자연 재해, 인간의 광기 어린 폭력의 도래에 대해 어떻게 설명할 것인가? 악에 대한 설명은 그 정의에서 재검토되어야만 하는 것이 아닐까? 더 심각한 질문은 우리가 경험하는 분명한 악의 존재가 어떻게 우리 인간에 대해 선한 창조자, 신에 대한 믿음과 화해할 수 있을 것인가 하는 점이다. 신이 전능하다면 그는 왜 악을 허락했는가?

악은 없고 다만 중독이 있을 뿐이다

악에 대한 전통적 답변에서는 신이 창조한 선한 것과 맺는 관계 아래에서 조금 더 나쁜 것으로 존재하는 것이 바로 악이라고 설명한다. 가시 없는 장미가 있을 수 없으며 그늘 없는 빛이 존재할 수 없듯이 세계의 광휘는 악의 껍질 없이는 존재할 수 없다.

그러나 스피노자의 답변은 이와 다르다. 어떤 선함이나 어떤 완전함도 선과 악을 얻는 동일한 방식을 악에 적용해 악을 정당화할 수 없다. 왜 선이 존재하기 위해 필연적으로 악이 존재해야 하는가? 이는 마치 악이 선을 창조할 수 있는 것처럼 보이지 않는가? 만약 그렇다면 사실 선 또한 그 자체로 옳은 것이 아니라 악만큼이나 정당화할 필요가 있을 것이다. 스피노자가 보기에 인간은 자신에게 유용한 것을 찾고 그것을 선이라고 부른다. 그러나 그것은 선의 정당성을 증명한 것이 아니다. 왜냐하면 유용한 것을 찾아 선이라 부르도록 하는 것은 인간의 욕망, 본성이기 때문이다. 그렇다면 선의 존재보다도 악의 존재에 대해 더 큰 관심을 가질 이유, 왜 악이 존재해야만 하는지를 보여줘야 할 이유가 어디에 있는가? 악은 다만 인간에게 어떤 유용성이나 의미를 가지지 않은 것, 목적이 없는 것일 뿐이다.

그렇다면 인간의 삶을 파괴하고 평화를 해치고 인간 사이의 합의를 막는 것의 존재는 어떻게 생각해야 할까? 쓰나미, 독뱀, 인종주의, 사이언톨로지교에 대해선 어떻게 생각해야 하는가? 쓰나미는 그 자체로 악한 것인가? 그렇지 않다. 쓰나미는 다만 그것이 인간의 생명을 빼앗고 건물을 무너뜨리고 경지를 황폐화시키는 곳의 기준을 따를 때만 악한 것이다. 독사는 그 자체로 악한가? 아니다, 그렇지 않다. 독사가 그 독에 면역력이 없는 살아 있는 것을 물었을 때만 그것은 악한 것이다. 인종주의는 다만 자신들의 주장을 퍼뜨리고 다른 피부색을 가진 이들에게 폭력을 행사할 때만 악하다. 사이언톨로지교의 교리는 그 자체로 악한가? 아니다. 사이언톨로지교는 신도들의 머리를 세뇌시키고 신도들의 은행 계좌에서 돈을 털어갈 때만 악하다.

스피노자의 대답은 계속 이어진다. 악은 사물 자체에 존재하는 것이 아니다. 악은 다만 다른 것과 맺는 관계 속에 존재할 뿐이다. 그 자체로 악한 것은 존재하지 않는다. 다른 것을 해치는 상황에 놓이고 다른 것을 파괴할 때 어떤 것이든 악하게 되는 것이다. 스피노자는 중독의 모델을 통해 악을 설명한다. 악은 만나지 않아야 할 두 사물이 만났을 때 생겨난다. 예를 들어 뱀의 독은 인간이 그것을 먹고 소화시키면 더 이상 악이 아니다. 수염을 기른 작은 남자, 실패한 화가는 패배하고 모욕당한 민중과 만났을 때 악이 되었다. 그 억눌린 민중은 이미 150년 앞서 있었던 민주주의 혁명을 잘 알지 못했으며 규율과 순종을 위해 과도한 충성을 바쳤다. 그런 히틀러가 프랑스인이었다면 그는 아마도 해를 끼치지 않는 유쾌한 사람이 되었을 것이다. 그리고 페탱이 독일인이었다면 평화롭게 퇴각했을 것이다. 이처럼 악은 다만 서로 적합하지 않는 두 사물의 불행한 만남의 결과일 뿐이다. 여기에서 중요한 두 가지 사실이 따라 나온다.

우선 절대적으로 악하다고 말할 수 있는 사물은 없다. 어떤 대상에 악한 것은 아마도 다른 대상에 선한 것이 될 것이다. 사람에게 독이 되는 음식도 어떤 동물에게는 생명의 원천이 된다. 그 반대도 그대로 성립한다. 인간에게 악한 것도 그 악한 것이 속한 집단의 본성 측면에서 보자면 선할 것이다. 달리 말하자면 어떤 순간에 선한 것으로 주어지는 것도 다른 조건에서라면 악한 것으로 드러날 수 있다. 우리가 스무 살이었을 때 우리에게 잘못을 저질렀던 사람도 5년만 늦게 만났더라면 선을 베풀 수 있었을지도 모른다는 말이다.

따라서 스피노자는 다음과 같은 유명한 구절을 남긴다.

"음악은 우울증 환자에게는 선한 것이고 절망한 사람에게는 악한 것이다. 그리고 귀머거리에게는 선하지도 악하지도 않다."
(『에티카』, 4부, 서문)

악은 간과하는 만큼 더 커진다

악의 문제는 우리가 사물을 그들을 적합한 조건에 둘 때 해결된다. 우리가 그것을 어떻게 이용할지 모를 때, 어떻게 그것을 적절한 곳에 적용할지 모를 때 악은 존재한다. 독은 어떻게 그것을 배합하고 어떤 조건에서 복용하는가에 따라 약이 된다. 급류가 가진 환경을 황폐화시키는 힘은 우리가 제방을 뚫고 수로와 수력 발전소를 만들 수 있는 지식을 가지게 될 때 에너지의 원천이 된다. 물론 인간이 행하는 악의 경우에 이르면 악의 문제는 조금 더 복잡해진다. 살인, 전쟁, 집단 학살과 같은 문제를 어떻게 설명해야 하는가? 분명히 전쟁에 대한 이해가 전쟁을 선한 것으로 만들지는 못한다. 그러나 그런 재앙을 낳는 긴장, 갈등, 적개심의 구조에 대한 이해는 우리로 하여금 그런 것을 피할 수 있게 도와줄 수 있을 것이다.

악의 존재는 따라서 우리의 무지와 직접적으로 비례한다. 사물이 가진 해를 끼칠 능력에 대해 우리가 모를 때 그 사물은 위험한 것이 된다. 그것을 인식한다면 우리는 그런 위험을 어떻게 피할지, 그리고 그것을 어떻게 이롭게 사용할지를 알 수 있게 된다.

그래서 스피노자는 다음과 같이 쓴다.

"사람들이 자유롭게 태어났다면, 또는 자유롭게 살아가는 한 선과 악에 관한 어떤 개념도 만들지 않았을 것이다."(『에티카』, 4부, 명제 43)

우리는 이와 반대로 가능한 악을 행하는 인간의 자유를 생각할 수 있다. 즉 숙고를 해서 선보다도 악의 실행을 자의적으로 선택할 수 있는 역량을 가진 인간을 생각할 수 있다. 그러나 우리는 이미 자의적 자유가 가능하지 않다고 생각했다는 것을 살펴보았다. 스피노자에게 자유로운 인간은 선한 의지를 따르는 인간이 아니다. 스피노자는 이와 반대로 원인에 대한 인식에 따라 행하는 인간, 그 자신에 대해 이해하고 있는 인간, 합리적 인간을 자유로운 인간이라고 생각했다. 무지는 인간이 자유로운 존재가 되는 것과 선과 악의 존재에 대한 이해를 방해한다.

사실 스피노자는 망설임 없이 다음과 같이 쓴다.

"악에 대한 인식은 부적합한 인식이다."(『에티카』, 4부, 명제 64)

우리가 어떤 사물을 악하다고 판단한다면 그것은 우선 다만 그것에 대해 충분히 알지 못한다는 것을 의미한다. 동시에 그 사물이 가진 해악의 힘을 피할 수 있는 인식이 부족하며 그것을 유용하게 사용할 방법에 무지하다는 것을 보여줄 뿐이다. 자유로운 인간, 소위 합리적인 인간은 그것과 그것의 조건에 대해 알고 있으며 자신과 부적합한 사물을 어떻게 피할 수 있는지에 대해 잘 안다. 피할 수 있는 방법을 아는 한 그런 사물은 더 이상 위험하지 않다.

자신을 더 많이 이해하게 해주는 것을 추구하라

우리는 이미 스피노자가 선과 악에 대한 관념을 어떻게 재해석 했는지를 살펴보았다. 앎이 악을 피하거나 우회할 수 있게 해 주고, 무지가 우리를 악의 지배로 인도하는 것이라면 선과 악은 사물의 현실적 위험성 안에 있는 것이 아니다. 선과 악은 오히 려 인식을 증진시키거나 이와 반대로 무지를 강화하는 사물의 경향성 안에 있다.

　그래서 스피노자는 다음과 같이 쓴다.

"우리는 실제로 우리를 진정한 이해로 인도하는 것과 그런 이 해를 방해하는 것으로써만 선과 악을 분명히 알 수 있을 뿐이 다."(『에티카』, 4부, 명제 28)

　우리는 이미 우리에게 자유를 주는 의지와 같은 것은 없으며 오직 이해가 있을 뿐임을 보았다. 동일하게 우리를 악에서 보호 하는 것은 덕이 아니라 인식이다. 우리는 세계와 우리 자신에 대해 더 많이 이해하게 해주는 사물, 경험, 사람을 추구해야 한 다. 이와 반대로 우리를 바보로 만들고 혼란 속에 빠뜨리는 것과 접촉하지 말아야 한다.

분명히 일부 사물은 어떤 이해도 가져다주지 않는다. 그것은 텅 비고 헛된 것이므로 그 어떤 이해나 인식도 제공하지 않는 것이다. 그런 대상이야말로 우리에게는 절대적인 악이 될 수 있다. 예컨대 죽음과 같은 것이 그렇다. 스피노자에게 죽음은 탐구할 그 어떤 가치도 가지지 않는다. 그것은 결코 이해할 수 없는 것이기 때문이다. 정의에 따르면 죽음은 아무것도 아니다.

따라서 스피노자는 다음과 같이 쓴다.

"자유로운 사람은 죽음에 대해서는 조금도 생각하지 않는다. 그의 지혜는 죽음이 아니라 오직 삶에 대해 성찰한다."(『에티카』, 4부, 명제 67)

어떤 사물은 처음에는 우리에게 악이 될 수 있다. 그러나 그것에 대해 이해함으로써 어떻게 그것을 유용하게 사용할 수 있는지를 알게 된다. 그러나 죽음의 경우에는 그렇지 않다. 죽음은 어떤 것을 이용해도 좋은 것으로 만들 수 없고 죽음에 대한 어떤 인식도 포착할 수 없다. 그것에서 우리를 보호하려면 죽음에 대해 숙고할 것이 아니라 삶에 대해 숙고해야 한다. 죽음은 한구석에 치워두고 삶에 대해 성찰하는 철학을 해야 한다.

짚고 넘어가기

1 당신의 인생에 들어 있는 나쁜 만남에 대해 생각해보라.
   중독이나 모조품 때문에 당한 고통이나 방황에 대해 분명
   하게 설명할 수 있는가? 사람이든 상황이든 환경이든 간
   에 당신의 본성에 맞지 않는 것과 마주했던 상황에 대해
   말할 수 있는가?

2 그때 마주쳤던 사람이나 상황에 대해 참되게 인식했더라
   면 그런 만남 때문에 당신이 겪었던 악을 피할 수 있었을
   까? 무지했다는 사실을 내세우면 어느 정도까지 당신의
   고통이 납득될 수 있겠는가? 당신에게 악을 행한 것에 대
   한 이해가 앞으로 부딪치게 될 당신의 장애물과 벌이는
   투쟁에서 확실한 극복 수단이 될 수 있을까?

3 결국 당신을 바보로 만들고 도무지 아무 생각도 할 수 없
   게 만든 갈등이 있었는가? 갈등을 만든 대상을 이해하는
   데 실패했다면 당신은 그것들이 등을 돌리고 사라졌다는

사실만으로, 혹은 당신이 당신에게 악을 행한 그것을 외면했다는 것만으로 만족했을까?

기쁨이 아닌 완전함과 목적은
존재하지 않는다

사물 자체가 악한 것이 아니라 다른 것과 우리의 만남 혹은 양자의 관계 안에 악이 있다면 그와 같은 관계를 벗어나 선한 관계로 가야 하지 않겠는가? 어떤 것은 그 자체로 선한 것으로 보이지 않는가? 그런 선 또한 다른 것들과 맺는 관계의 결과일 뿐인가? 우리는 스피노자에게 이런 질문을 계속해서 던질 수밖에 없다.

1. "우리에게 유용하다고 확실히 알고 있는 것을 선이라고 나는 이해한다."
2. "우리가 선을 얻는 것을 방해하는 것으로 확실히 알고 있는 것을 악이라고 나는 이해한다."(『에티카』, 4부, 정의)

스피노자는 선을 대상의 유용성으로 정의한다. 다시 말해 선은 우리에게 유익함을 가져다주는 것이며 그 대상에 들어 있는 속성도 아니며 또한 그 대상과 독립적으로 존재하는 속성도 아니다. 그리고 그것은 사람이 별다른 노력 없이 생각할 수 있는 그런 것이 아니다.

세계는 의미를 갖지 않는다

선사시대부터 인간은 자연이 인간에게 셀 수 없이 많은 유익한 사물을 제공했다는 것을 경험을 통해 알았다. 자연은 영양분을 제공하는 고기, 목마름을 해소해줄 물, 볼 수 있게 하는 눈, 걸을 수 있게 하는 다리를 인간에게 주었다. 우리는 인간이 자신에게 유익한 것을 의식적으로 행하고 특별한 목적을 추구한다고 믿으며 행동한다. 즉 영양분을 얻기 위해 사냥하고 입기 위해 치장한다고 믿는 것이다. 그런데 이와 동시에 이런 생각은 신 또한 우리와 동일하게 행하고 사유한다는 믿음으로 이어진다. 신은 우리가 볼 수 있도록 하기 위해 눈을 주었고 영양분을 섭취할 수 있게 하기 위해 밀을 만들었다. 이런 믿음은 이 세계가 인간의 편의를 위해 창조되었다는 것으로 귀결된다. 우리는 존재하는 모든 것이 미리 결정된 목적을 위해 존재한다고 생각한다. 그리고 기능적 측면에서 보든 결론적인 것이든 간에 인간에게 봉사하는 것이 만물의 존재 목적인 것이다. 그러나 이와 동시에 인간은 또한 이 세상의 셀 수 없이 많은 것이 인간에게 유용한 것과는 거리가 멀다는 사실을 알고 있다. 많은 것이 인간에게 해를 끼치고 인간을 위험에 처하게 만든다. 전염병, 자연 재해, 모든 종류의 치명적 사건이 그렇다. 유용한 사물이 인간에게 봉사하고 인간을 기쁘게 하기 위해 창조되었다고 생각하는 것과 동일하게 인간에게 해가 되는 것은 인간을 패망시키고자 창조되었다고 생각한다.

그런 믿음의 기반에는 자연 또는 신이 의도를 가진다는 믿음이 존재하기도 한다. 신은 의도를 가지고 자연을 창조하였고 어떤 역할을 하기를 원하거나 혹은 어떤 목적을 현실화하기를 원하며 인간을 만들었다. 인간이 그런 목적에 맞추어 행동하면 자연의 축복이라는 보상을 받고 그런 목적과 멀어지면 패망한다. 물론 인간이 그런 신화를 만들어낸 옛날 사람들의 사고방식에서 벗어난 지 오래되었다. 그러나 이런 신화적 사유와 관련한 목적론적 믿음은 인간의 정신 안에 여전히 뿌리 박혀 있다. 우리는 여전히 만물은 목적을 가져야 한다고 믿는다. 인간 또한 그런 목적, 선과 악의 추상적 관념에 맞추어 행동해야 한다는 믿음은 여전히 존재하며 그런 선과 악의 모범적 모델에 비추어 더 완전하거나 혹은 덜 완전하다고 말할 수 있는 것이다.

그런데 악 중에서도 우리 시대에 가장 널리 퍼져 있는 악은 우울함이다. 우리는 이제 그런 우울함의 해로운 흔적에 대해 잠시 살펴볼 것이다. 그런 우울함은 살아갈 의미가 없다고 생각하는 것에 기인하는 고통이다. 추구해야 할 궁극적 목적이 결여되어 있고 살아야 할 의미가 없는 것처럼 느끼기 때문에 살아갈 욕망과 동기를 모두 잃어버린 것이다. 이런 우울함은 또한 예전 시대의 세계의 전망을 향한 향수로 나타날 수도 있다. 이에 대한 스피노자의 응답은 우리에게 다소 거친 것으로 비칠 수도 있다. 즉 삶의 목적은 없다. 이 세계는 의미를 가지지 않는다. 따라야 할 것으로 인간에게 미리 주어진 어떤 역할도 존재하지 않는다. 신은 이 세계를 창조하면서 어떤 의도도 가지지 않았고 인간에게 어떤 것도 원하지 않으며 아무것도 기대하지 않는다.

존재 그 자체의 기쁨

사실 개개 사물의 목적은 그 자신의 존재, 가능한 한 완전히 표현되어야 할 존재 그 자체일 뿐이다. 그런 존재 밖에 있는 궁극의 목적은 없다. 목적은 모든 사물 그 자체 안에 있는 것이다. 즉 모든 사물은 그 자체로 목적이 된다. 완전하게 그 자체로 존재한다는 것은 그 자신의 잠재력을 완전하게 실현하고 역량을 펼치고 본성이 가신 기능에 따라 행동한다는 것을 의미한다. 그리고 그렇게 한다는 것은 기쁨의 경험을 통해 알 수 있다. 실존의 의미는 다만 실존의 기쁨, 존재 그 자체의 기쁨과 우리 행위를 관통하며 표현되는 기쁨이라고 요약할 수 있다.

그런데 예컨대 우울이 그러하듯이 존재 그 자체의 충만함을 느끼지 못하도록 막는 것, 그런 기쁨을 경험하는 일을 막는 것은 무엇인가? 그것은 우리가 도달할 수 없다고 느끼는 완전함의 모델에 끝없이 자신을 비교하는 경향이다. 완전함이라는 추상적이고 공허한 관념은 문자 그대로 우리 자신으로 존재하는 것을 방해한다. 어떤 이는 그런 우울을 존재 그 자체의 피곤함이라 말하면서* 현대의 전형적 현상으로 묘사했다. 그런 피곤함은 두 가지 측면을 보여준다. 우선 우리는 우리 존재에서 피곤함을 느낀다. 우리의 유약함과 한계에 지치고 다른 사람이 되고 싶어 한다. 다른 사람이 되고 싶어 기울이는 끝없는 노력은 완벽함의 모델을 설정하고 그것과 비교를 하는 방식으로 이어지고 그런 노력은 다시 피곤함으로 귀결되는 것이다. 악순환은 그렇게 고착된다. 즉 우리가 자신이 부적합하고 약하다고 느낄수록 완벽한 모델과 닮고자 기진맥진하며 노력하게 되고 그런

---

* 알랭 에랭베르, 『존재 그 자체의 피곤함: 우울과 사회』, Odile Jacob, 2000.

과정에 기력을 빼앗기면 이전보다 더 강하게 피곤함을 느끼게 된다.

그런데 왜 하필이면 특히 우리 시대가 그런 악순환의 희생양이 된 것일까? 우리는 오늘날 각자가 자신을 실현시킬 수 있는 수단을 가지고 있다고 믿을 뿐 아니라 더 나아가 그렇게 해야 한다고 믿는다. 국가, 종교, 자연의 힘은 더 이상 우리 행복을 막을 수 있는 힘을 가지지 않으며 각자는 행복해져야 하는 것이다. 그런데 독특함, 고유함, 성숙함을 얻지 못하는 한 사람들은 모두 체스 게임처럼 살아갈 뿐이다. 오늘날 우리가 추구하는 성공과 고유성의 관념은 대체로 천편일률적이다. 예컨대 여성은 전문직에 종사하는 야심가이자 그와 동시에 완벽한 가정의 어머니여야 하며 매력을 지닌 유혹적 존재여야 하는 것이다. 오늘날의 완벽함의 모델은 사람들에게 정력적인 동시에 예민해야 하고 남성성과 여성성을 다 가지고 있으며 모험을 즐기면서도 가정적이어야 한다고 요구한다. 우리에게 제시되는 그런 완벽함에 도달하는 것은 불가능하기 때문에 우리는 스스로 약하고 부적합하다고 느끼며 더 이상 우리 자신으로 살아가고자 시도하지 않는다.

더 기뻐하는 것이 더 완전해지는 것이다

스피노자는 합리적 고찰을 통해 그런 생각과 근본적으로 단절할 것을 제안한다. 그는 다음과 같이 쓴다.

"실재와 완전함에 대해 나는 양자가 동일한 것이라고 생각한다."(『에티카』, 2부, 정의 6)

우리는 사물을 항상 판단한다. 그리고 어떤 것이 다른 것들에 비해 더 완전한지 판단하는 습관을 가지고 있다. 그러나 고양이가 꽃보다 완전하고 꽃이 피에르보다 완전하며 사자가 고양이보다 완전하다고 말할 수 있는 권리를 누가 줄 수 있는가? 모든 사물은 그 사물이 바로 현재의 그 사물이라는 사실 때문에 완전한 것은 아닌가?

불완전은 미리 설정된 모델에 견준 사물의 부적합성 안에 존재하는 것이 아니다. 사실은 정반대다. 한 사물이 실존하는 방식 안에서 모든 사물은 완전하다. 그러나 그런 실존 방식은 우리가 가진 모델도 아니고 관념도 아니다. 분명히 그런 완전함의 모델은 비실재적인 것이기 때문이다. 그리고 비실재적인 것은 불완전한 것이다. 따라서 개개의 사물은 이미 그 자체로 실재하는 그런 방식 안에서 그 자체로 적합하게 완전하다. 맹인은 눈이 없다는 이유로 불완전한 존재일 수 없다. 이것은 마치 고양이가 개 짖는 소리를 내지 않기 때문에 불완전한 존재가 아닌 것과 같다. 맹인의 완전성은 단순히 말하자면 보는 것이 아닌 다른 본성을 자신의 속성으로 가진 존재라는 사실에 있다. 예컨대 그는 볼 줄 아는 사람보다 더 발달된 청각과 촉각 능력을 가지고 있다.

주어진 모델이나 이상을 추구하는 것은 예외 없이 우리를 모두 불완전하게 만든다. 그것들은 우리를 비실재적인 것에 투사하게 만들고 우리 자신으로 사는 것을 방해하기 때문이다. 우리는 물론 우리 존재에 더 큰 실재성을 더함으로써, 즉 우리 역량을 더 강하게 만듦으로써 "더 완전해질 수 있다." 우리는 이미 스피노자가 실재성과 완전성을 동일한 것이라 여겼다는 것을 살펴보았다. 즉 한 사물이 실재성을 더 많이 가질수록 그 사물은 더욱 완전한 것이 된다. 동일한 사실에서 우리가 더 큰 역량을 가질수록 우리는 더욱 실재적인 존재가 된다. 스피노자는 이 지점에서 덕이라는 교화적 개념을 우리에게 다시 제시한다. 이 덕은 현재 미덕이라는 관념적 목적으로서 작용하고 있다. 이 덕은 우리가 자신을 부정하고 모욕할뿐더러 불행한 의식에 우리 자신을 던지게 하는 습관과 관련된 것이다. 그런데 스피노자가 제시하는 이 단어의 진정한 의미는 현재의 이런 관념적인 의미와 다르며 고대 그리스 사람들이 이 단어를 사용한 방법에서 이미 그 진정한 의미를 발견할 수 있다.

"덕과 역량에 대해 나는 양자가 동일한 것이라고 이해한다."
(『에티카』, 4부, 정의 8)

우리는 고통받고 괴롭힘을 당할 때보다 능동적으로 행동할 때 더 우리 자신이 될 수 있다. 그리고 슬픔을 느낄 때보다 기쁨을 누릴 때 더 우리 자신이 될 수 있다. 더욱더 우리 자신이 된다는 것은 우리가 더 실재성을 띤다는 것이고 따라서 더 완전하게 된다는 것이다. 사실 외부 조건이 우리를 짓누르고 우리 힘을 빼앗고 삶의 의욕을 박탈할 때 우리는 슬픔을 느낀다. 삶의 조건이 우리가 능동적으로 행동할 수 없도록 막을 때, 즉 우리 자신으로 살지 못하도록 막을 때 슬픔은 솟아오른다. 우리의 정체성과 힘이 그 근원에서부터 훼손당하기 때문에 고통받는 것이고 슬픔을 느낄 때 더 이상 완전한 우리 자신으로 살 수 없는 것이다.

우리 행동과 환경이 본성과 합치하고 있음을 알게 해주는 것이 바로 기쁨의 정서다. 그 기쁨의 정서를 느끼며 행동할 때 우리 역량은 커지고 우리 자신으로 살 수 있게 된다. 그런 기쁨 안에서 우리는 우리가 얼마나 완전한지를 알 수 있게 된다. 기쁨을 느낄수록 더 완전해지는 것이고 슬픔을 느낄수록 불완전하고 능력을 잃게 되는 것이다.

그때 덕의 가르침의 요체는 어떻게 우리의 기쁨과 능동성을 함께 증대시킬 것인가를 이해하는 것이 되어야 할 것이다. 우리는 두 가지 것이 연결되어 있음을 알 수 있을 것이다. 우리는 더 능동적인 존재가 될수록 더 큰 기쁨을 느낀다. 그리고 더 기쁠수록 더 많이 능동적으로 행동할 수 있게 된다. 그렇게 함으로써 악의 원환에서 벗어나 덕의 원환으로 들어갈 수 있는 것이다.

짚고 넘어가기

1   살면서 겪는 고통이 가치를 지니려면 삶에 목적이 있다고
    느낄 필요가 있을까? 당신은 삶에서 완수해야 하는 매우
    분명한 임무를 가지고 있다고 생각하는가? 당신은 당신
    자신의 밖에 있는 우월한 목적에 부합되도록 당신의 삶을
    꾸려가는가? 즉 사회, 가족, 정치, 종교 등이 말하는 목적
    에 따라 살아가는가? 그런 목적을 실현하지 못한다면 어
    떤 일이 일어날까?

2   완전함의 모델에 맞추고 싶은 열망이 생기는가? 그 완전
    함의 모델은 어디에서 온 것인가? 그것은 진실로 본질적
    인 당신의 모습과 어울리는 것인가?

3   당신은 자신을 만족시키고 당신에게 가치 있는 것에 대한
    생각을 가지고 있는가? 거기에 있는 것들이 당신에게 가
    장 큰 기쁨을 가져다주며 스피노자가 일러준 완전함의 진
    정한 기준을 가져다준다는 데 대해 진정 확신하는가?

4   우선 당신에게 가장 중요하고 가장 가치 있고 가장 만족스러워 보이는 것들의 목록을 작성하라. 그러고 나서 한 주를 정하고 그 주 내내 매일 휴대폰에서 아무 때나 서너 번 정도 경고음이 울리도록 설정해두라. 소리가 날 때마다 그 순간에 당신에 대해 어떻게 느끼는지, 즉 기쁘거나 슬픈지, 무기력하다고 느끼는지를 적어라. 그러고 나서 당신이 그때 무엇을 하고 있었는가를 적어보라.

5   한 주가 지난 후 결산을 내보라. 그리고 미리 적어놓은 당신의 목록과 당신에게 진정 가장 큰 기쁨을 주었던 활동의 목록을 비교해보라. 두 목록이 일치하지 않는다면 그것은 당신의 완전함에 대한 이상과 가치, 삶의 목적이 당신의 진정한 개성과 전혀 맞지 않는다는 사실을 입증한다. 최근에 수행된 심리학에 대한 다양한 실험은 대부분 그렇다는 것을 보여준다.

III
적용하기

수동적
정서를
바꿔라

스피노자는 다음과 같은 선언으로 『에티카』를 마무리한다.

"지복은 덕의 대가가 아니라 덕 자체이다."(『에티카』, 5부, 명제 42)

먼저 덕성이 갖추어져야, 즉 선과 관용, 중용, 원칙의 준수 등에 대한 노력이 선행되어야 그 결과로 지복을 기대할 수 있다는 것이 덕과 지복의 관계에 관한 전통적인 이해라는 점에서 이런 선언은 놀랍다. 그리고 다른 한편 덕과 지복, 즉 도덕과 즐거움은 양립 불가능한 것이라는 전통적인 믿음에 견주어볼 때 스피노자의 덕에 대한 주장은 낯선 견해이기도 하다. 지복을 추구하는 것은 그 자체로 이기적일 수 있다. 그리고 그런 이기심 즉 악한 것이 지복이라면, 그때 덕은 단지 악한 행위를 적극적으로 하지는 않았다는 소극적 만족의 겸양을 충족시키는 것에 불과한 것은 아닌가?

그러나 스피노자는 당당하게 행복하지 않다면 덕성스러울 수도 선한 일을 할 수도 없다고 말한다. 행복이 결핍되면 필연적으로 덕성의 힘을 가질 수도 없기 때문이다. 이어지는 구절을 보자.

"우리가 쾌락을 절제할 수 있기 때문에 지복을 누릴 수 있는 것이 아니다. 이와 반대로 우리가 지복을 누리기 때문에 쾌락을 절제할 수 있는 것이다."

스피노자에게 선과 악의 차이는 다만 주관적인 판단에 달린 것이며 사물에 실재하는 성질이 아니다. 광기와 방탕은 현명하고 이성적인 사람의 행위와 마찬가지로 실존의 동일한 권리이다. 즉 결론적으로 우리 욕망에 반대되는 삶의 규율을 강제하는 힘을 원하는 것은 부질없는 일인 것이다.

그러나 이것은 어떻게 살든 다를 것이 없다거나 다양한 삶의 방식에서 따라 나오는 모든 욕망과 쾌락에 동등한 가치가 있다는 것을 말하지 않는다. 이는 다만 '쾌락'이 그 자체로 불법인 것은 아님을 의미한다. 성적인 쾌락, 식탐의 기쁨, 약물이나 음주를 통해 얻는 쾌락, 돈이 많이 드는 사치스러운 물건을 소유하는 것에서 비롯되는 즐거움, 원하는 것을 하고 유명세에 도취되는 것 등은 사실 모두 정당하다. 그러나 그런 종류의 쾌락을 추구하는 것 말고는 삶에서 다른 목표를 가지지 않는 이의 삶은 방종과 타락으로 귀결되기 마련이고 우리는 또한 이것을 비난하고 피할 권리를 가지고 있다. 현명한 사람들과 마찬가지로 방탕한 사람 역시 그렇게 실존하고 살아갈 권리를 가지고 있다. 그러나 다만 지나친 타락과 방탕은 자기 자신뿐 아니라 다른 사람들의 삶까지 고단하게 만든다. 그런 쾌락은 그 자체로 비난받아야 할 것은 아닐지라도 그런 삶에 다음과 같은 교훈을 말할 수는 있겠다. 운의 힘에서 전적으로 자유로울 수 있는 인간은 없다. 그러나 우리는 환경 즉 외부의 힘에 덜 의존할 수 있도록 노력해야 하며 그런 외부 요인이 우리에게 호의적이기를 염원해서는 안 된다. 쾌락이 주는 즐거움만을 추구하며 살면 분명 어떤 불행에 처하게 되는 것이다. 우리가 갈망하는 대상을 다 얻을 수 없다는 것은 필연적인 귀결이기 때문이다. 따라서 우리는 우리가 원하지만 얻지 못하는 것을 획득하고 우리가 원하는 것을 가지지 못하게 방해하는 이들을 질투하고 시기하고 미워하며 때로는 폭력을 행사하게 되는 것이다.

그런 사람들에 대해 스피노자는 "그 자신보다는 운에 따른다"라고 쓴다. 그들은 운이 다하면 즉 돈, 성, 사치품 등이 다 사라지고 홀로 남게 되자마자 마치 더 이상 살아 있지 않은 듯한 상태가 된다.

"무지한 자는 외부 원인에 따라 여러 가지 방식으로 동요한다. 그는 결코 영원의 참다운 만족을 얻지 못한다. 그 자신, 신, 사물을 거의 알지 못하며 흔들림의 삶을 살아간다. 따라서 외부 원인이 사라지면 그의 존재 또한 중단된다."

돈, 술, 성 등의 외부 대상과 관련된 즐거움을 추구하며 살아가는 이는 그런 것들이 주는 자극이 사라지면 더 이상 살아 있지 않는 것처럼, 자기 자신의 그림자로 살아가는 것처럼 느낀다. 진정한 향유 능력의 결핍 때문에 그들은 평화롭고 조용한 영혼의 여유로움을 느끼기보다 차라리 정념의 고통에 시달리기를 더 선호한다. 이후에 좀더 그 이유를 자세히 살펴보겠지만 이런 사람은 본질적으로 수동적이다. 즉 자신이 처한 환경의 자극에 따라서 살아갈 뿐이다. 내적 활동성의 결핍 때문에 항상성을 가지지 못할뿐더러 외부 사물이 행사하는 자극이 사라지면 자기도 존재하지 않는 것처럼 느끼는 것이다.

그런 상태에서 어떻게 벗어날 수 있는가? 일군의 철학자, 신부, 부모, 교육자는 이성을 통해 그런 정념을 물리쳐야 한다고 설교한다. 도박 중독자가 더 이상 포커판에서 몰락해가는 것을 그만둘 수 있게 하고 술꾼이 자신의 건강을 돌아보게 하고 사랑에 눈먼 이가 복잡하거나 다가가기 힘든 여자 때문에 더 이상 좌절하지 않을 수 있게 하는 것이 바로 이성, 즉 이성에 기인하는 의지의 힘이라고 이들은 설파한다. 스피노자는 매우 단순한 진리를 들어 그런 진부한 말을 논박한다. 우리는 오직 더 큰 욕망에 의해서만 욕망을 억제할 수 있을 뿐이다. 이상이 그 자체로 욕망이 아니라면, 그리고 그것에 따른 우리 행위가 기쁨을 주지 못한다면 이성은 사실상 우리 행동을 바꾸는 데 다만 무력할 뿐이다. 반대로 이런 이성은 오히려 우리 태도를 악화시킬 뿐이다. 우리가 이성적인 존재가 되기 위해 기울이는 노력이 기쁨을 불러일으키지 못하고 다만 우리를 좌절하게 하고 예민하게 만들 뿐이라면 그에 대한 반동으로 우리는 오히려 싸워 물리쳐야만 하는 중독 대상에 더 몰두하게 된다. 이성적인 존재가 되기 위한 노력이 결국에는 슬픔을 불러일으킨다면 그것은 맞서 싸우고 있는 악보다 우리가 약하다는 것을 말해준다. 그런 노력이 설사 행복을 가져다줄지라도 그런 행복은 일시적인 것이며 진정한 행복이 아닌 것이다. 이는 우리에게 그 이상의 것이 필요하다는 사실을 말해준다.

이런 사실에서 악에 중독된 사람의 진정한 문제를 알 수 있다. 이성이나 의지의 결핍은 진정한 문제가 아니다. 진정한 문제는 자신들이 중독된 '쾌락'보다 더 큰 욕망을 알지 못한다는 것이다. 그는 그보다 더 큰 즐거움을 알지 못한다. 그래서 결국은 중독된 대상, 편협하고 해로운 대상에 의존하게 되는 것이다.

우리는 매우 강력한 목적을 가지고 있기 때문에 무책임하고 의존적이게 만드는 다른 욕망의 힘에 덜 상대적일 수 있는 힘, 즉 더 절대적인 힘을 가진 것을 우리 안에서 찾아내는 것이다. 이를 통해 경험하는 기쁨이 너무 커 다른 종류의 기쁨이 그다지 중요하지 않은 것으로 여겨지게끔 한다는 말이다. 우리가 금연이나 금주를 원하고 또 수중에 없는 돈을 쓰고 싶은 욕망을 버리고 싶다면 사실 그런 욕구와 싸우면 안 된다. 싸우지 말고 그렇게 유해한 쾌락을 하찮은 것으로 만들어줄 더 큰 욕구를 찾아내면 되는 것이다.

왜 그런 악과 싸우면 안 되는가? 그것은 우리가 이미 앞서 말했던 의지의 자유가 가진 구조와 동일한 구조를 갖고 있기 때문이다. 즉 우리가 자의적인 자유를 행사할 수 있다고 믿으면 심신 상태를 결정하는 힘을 이해하는 것이 어려워진다. 그리고 결국 진정한 자유를 얻을 수 있게 해줄 힘과는 더 멀어진다. 악과 맞서 싸우는 것도 이와 다르지 않다. 그런 악한 욕망과 싸우면 힘만 떨어뜨리는 결과를 가져오고 결국 그런 악의 구조를 이해하는 것이 어려워진다. 그런 욕망과 싸우는 것이 아니라 가장 혼란스럽고 해로운 욕망의 구조를 이해할 때 우리는 진정한 욕망의 근원을 찾을 수 있다.

우리가 지닌 악과 싸우거나 판단하지 말고 그 악과 대면해야 한다. 스피노자와 함께 부정적 감정, 유약함, 악을 선으로 바꿀 수 있는 것은 인식이라는 사실을 믿어보라. 적합한 인식은 정념, 즉 수동적 정서를 능동적 정서로, 악을 덕으로, 유약함을 강인함으로 바꿀 수 있다는 사실에 기대를 걸어보자.

짚고 넘어가기

1   개인적인 도덕을 갖고 있는가? 아니면 전통적인 도덕의 무수한 규정을 따르도록 교육받았는가? 그런 도덕에 따르면 행복하다는 것은 부도덕한 것 아닌가? 그런 도덕은 당신에게 타인을 위해, 더 가치 있는 것을 위해 자신의 행복을 희생해야 한다고 가르치지 않는가? 그러니까 직업적 야망이라든가 임무, 사회, 예술, 종교 같은 것을 위해 말이다.

2   무엇이 당신에게 중요한가? '좋은 사람'인가, 아니면 '행복하기'인가? 이것이 서로 양립 불가능하다고 생각한다면 당신은 어느 쪽을 선택할 것인가?

3   비난받을 만하다고 판단해 바꾸기를 원하는 당신의 습관이나 행동의 목록을 전부 적어보라. 그런 문제는 흡연, 음주 등에 의존하는 것일 수 있다. 그리고 타인과 맺는 관계, 일을 대하는 태도일 수도 있다. 이에 덧붙여 인내심이

없는 것, 불같이 화를 내는 것, 나태함 같은 당신의 성격에 들어 있는 나쁜 면일 수도 있겠다. 어떤 방법으로 그런 '나쁜 습관'을 떨쳐보려고 노력했는가? 쓸모 없는 방법은 무엇이었으며 쓸모 있는 방법은 무엇이었는가? '나쁜 습관'을 더 악화시킨 방법도 있었는가?

능동적 정서와
수동적 정서를 구분하라

정서의 역할을 연구하고 정리하자. 우리는 우리의 모든 삶이 정서에 의해 결정된다는 것을 알고 있다. 욕망, 감각, 정서, 그리고 사유, 이성적 논리는 모두 우리의 정서적 본능에서 나온다. 우리는 또한 그런 정서가 우리에게 슬픔을 야기함으로써 우리 역량을 감소시킬 수 있음과 동시에 우리에게 기쁨을 느끼게 함으로써 역량을 증대시킬 수 있음을 안다. 우리는 이제 여기에 더 근본적인 차이를 덧붙여야 한다. 그것은 능동적 정서와 수동적 정서를 구분할 수 있게 해줄 것이다.

능동적인 것은 모두 다 기쁨이다

우리는 언제 능동적인 상태가 되는가? 신체 운동의 주인이 될 때, 우리 행위가 신체의 힘과 내적 구조를 표현할 때 신체는 능동 상태가 된다. 반대로 신체는 다른 사물에 의해 지배되거나 혼돈스러워질 때, 신체가 제구실을 못할 때, 실체의 영향을 받을 때 수동 상태가 된다. 그런 수동 상태의 순간 신체에 힘을 행사하는 것은 신체 그 자체가 아니라 그 신체에 부과되는 힘이다. 예컨대 신체를 망가뜨리는 무게, 강타해오는 대상, 그것을 중독시키거나 파괴하는 음식 같은 것이 그렇다.

능동적인 정신은 어떻게 사유하는가? 그것은 분명히 신체 구조와 동일한 방식을 따른다. 정신은 이해할 때, 적합한 관념이 전개될 때 능동 상태가 된다. 이런 사실은 내적 논리에 따르고 그것에 적합한 힘을 펼친다는 것을 의미한다. 이해하면서 관념은 그 대상과 동화되고 고유한 원리를 따르는 질서 안에서 사물의 위치를 설정하고 고유한 요구 조건에 따라 의미를 부여한다. 반대로 정신은 정신 자체를 펼쳐 보일 수 있는 역량이 없는 것, 다시 말해 적합한 의미를 부여할 역량을 가지지 못한 인상, 감각, 정서에 지배될 때 수동 상태가 된다. 그것은 우리가 환상의 희생양이 될 때와 같은 경우를 말하는데 우리가 설명할 수 없는 정서 때문에 괴로울 때, 우리의 관념이 혼돈스럽고 모호하며 훼손되었을 때를 의미한다.

능동성은 예외 없이 우리에게 기쁨을 준다. 기쁨 속에서 행동할 때 우리 신체는 정신과 마찬가지로 깊은 본성을 표현한다. 그런 역량의 표현은 기쁨을 증대시키고 우리에게 그 기쁨을 다시 환기시킬 뿐이다. 완전한 정신과 신체의 평행론에 주목하자. 정신의 능동 상태는 신체를 적합하게 이해하는 방식이며 신체의 능동 상태와 동일한 것이다. 정신과 신체는 서로 다른 하나 없이 존재할 수 없다. 정신이 더 많이 이해할수록 신체는 더 많이 행동하고, 신체가 더 많이 행동할수록 정신은 더 많이 이해한다.

적당한 수동적 기쁨

능동적인 것이 모두 다 기쁨이라면, 그때 수동적인 것은 모두 다 슬픔이라는 것을 의미하는가? 그렇지는 않다. 우리는 수다한 방식으로 외부 대상이 가진 힘의 영향을 받을 수 있기 때문이다. 어떤 사물은 효과적으로 우리의 내적 능동성에 반하는 자극을 준다. 그것은 그 사물이 본성에 적합하지 않음을 나타낸다. 그들의 운동은 우리 안에서 수동적 슬픔을 불러일으킨다. 미움, 질투, 침울, 연민, 분노, 치욕 등이 바로 그런 수동적인 슬픔이다. 그것들은 우리가 행동할 수 있는 역량이 감소되는 것을 표현한다. 이는 우리의 환경적 조건이 파괴적으로 운동한 결과다. 그러나 수동적 기쁨 또한 존재한다. 어떤 사물은 우리 본성과 어울리기 때문에 살아가는 데 도움을 주고 우리 역량을 증대시킨다. 그런데 우리에게 영양분을 제공하는 음식과 독, 따듯한 기온과 찬 기온, 친구와 위선자, 현명한 자와 구루, 믿을 만한 정치가와 선동가는 서로 다른 것이다.

스피노자는 이를 범주로 만든다. 슬픔은 어떤 경우에도 좋은 것일 수 없다. 우리는 이 슬픔을 언제나 피해야 한다. 슬픔은 결코 합리화될 수 없다. 그리고 우리는 언제나 기쁨을 추구해야만 한다. 기쁨은 언제나 선한가? 어떤 대가를 치르더라도 기쁨을 추구해야 하는가? 분명 우리를 기만하는 기쁨이 있다. 이런 기쁨은 사실 결과적으로 우리를 강인하게 만들어주기보다는 약하게 만든다. 그러나 그런데도 기쁨은 슬픔보다는 항상 더 추구할 만한 것이다. 우리를 약하게 만드는 슬픔이 우리를 단지 무기력하게 만들 뿐인 반면에 수동적 기쁨은 그 안에 능동으로 이행할 가능성을 품고 있기 때문이다.

수동적 기쁨의 진정한 문제는 우리가 그런 기쁨의 주인일 수 없다는 것이다. 수동적 기쁨은 그 정의에 따라 약하며 일시적이고 예측 불가능하다. 수동적 기쁨은 우리의 본원적 활동성이 아니라 외부에서 주어지는 조건에 기대 발생한 것이기 때문이다. 그런 수동적 기쁨에 지나치게 의존하는 것은 곧 운의 변덕스러운 손길에 내던져지는 것이자 결국 슬픔으로 귀결될 수 있는 위험을 감수하는 것이다. 그러나 다른 한편 역량을 전적으로 자기 안에서 이끌어낼 수 있기를 기대하고 본원적 활동성이 만들어낸 기쁨만을 누리기를 기대하는 사람은 인간의 삶과 함께하는 우리 존재의 조건, 유약함, 의존성을 인정하기를 거부하는 것에 불과하다. 신적인 자율성과 완전한 역량에 집착하는 것은 곧 높은 곳에서 추락할 위험을 감수하는 것과 같다.

능동성과 수동성 사이에서 바람직한 균형을 잡는 것이 중요하다. 그런 균형은 곧 피할 수 없는 우리의 수동성이 능동성을 훼손하지 않게 하는 것을 말한다. 균형을 취했다는 것은 우리에게 행위의 방식을 제공하는 수동적 기쁨이 다양해졌다는 것을 말해주며 항상 능동 상태에 있는 기쁨이 피할 수 없는 슬픔에서 벗어나도록 힘을 쓸 수 있는 상태라는 것을 의미한다.

이때 두 가지 질문이 제기된다. 우리는 어떻게 수동을 능동으로, 슬픔을 기쁨으로 변형시킬 수 있을까?

짚고 넘어가기

1 일주일간 당신의 정서 중에서 기분의 급변, 정서적 반응, 전체적 정신 상태 등 당신 내면의 운동에 가까운 것을 관찰하라. 무엇보다도 특히 기쁨, 만족감, 강력한 정서 등에 주목하라. 그리고 그 목록을 작성하라. 그런 감정을 당신의 본원적 활동성을 표현한 능동적 기쁨과 외부 조건의 영향에서 비롯된 수동적 기쁨으로 나누어라. 예를 들어 내가 이 글을 쓰면서 느끼는 기쁨은 능동적 기쁨이다. 반대로 테라스에서 바다를 바라보며 느끼는 기쁨, 거칠 것 없이 높고 맑은 하늘의 아름다움과 8월의 열기에서 느끼는 기쁨은 수동적 기쁨이다. 마지막으로 그렇게 검토한 기쁨의 차이를 분석해보라. 당신은 수동적 기쁨과 능동적 기쁨의 차이를 느끼는가? 양자가 불러일으키는 정서는 모두 동일한 것인가? 아니면 다른 질적 차이가 있는가?

2 수동적 기쁨의 목록을 다시 살펴보라. 당신의 활동에 도움이 된 기쁨, 당신의 활동을 지탱해주고 자극한 기쁨이

있는가? 그리고 당신의 활동을 방해하는 경향을 보이는 수동적 기쁨이 있는가? 바로 그때 내가 글을 쓰고 있다면 바다에 비친 하늘과 수평선이 주는 안정감은 글을 쓰는 데 도움을 준다. 바다에 비친 하늘과 수평선을 바라보며 느끼는 기쁨이 내가 더 큰 집중력을 발휘하도록 도와주는 것이다. 그것은 '수동' 상태다. 왜냐하면 그 기쁨은 내 안에서 나온 것이 아니라 바다에 비친 하늘과 수평선을 바라봄으로써 수동적으로 얻은 것이기 때문이다. 그러나 내가 그것을 바라보기를 원할 때마다 그곳에 있을 수는 없다. 그리고 내가 그것을 바라볼 때마다 아름답지도 않을 것이다. 물론 자주 그런 풍경이 나의 활동에 힘을 불어넣어주기는 할 테지만 말이다.

3 반대로 슬픔의 감정을 적은 목록에 집중해보라. 그런 슬픔의 감정에 기인하는 기쁨이나 활력을 찾을 수 있는가? 그런 슬픔 중 당신을 더 활력 있게 만들어주는 것이 있는

가? 당신은 당신의 활력이 그런 슬픔을 변화시키는 방식을 느껴본 적이 있는가? 예를 들어 글을 쓰기 전에 나는 슬픔을 극복하기 위해 그런 슬픔을 떨쳐버리는 시간을 가질 수도 있다. 그러나 글을 쓰는 일 자체가 그 시간을 바꿔놓기도 한다. 그것은 상대적인 기쁨의 결과다. 즉 글을 쓰는 일은 더 큰 기쁨을 주며, 이때 글을 쓸 줄 안다는 사실은 새로운 의미를 가지게 된다.

수동적 정서를 알아가면서
능동성을 되찾아라

이 두 가지 질문, 즉 어떻게 슬픔을 기쁨으로 변형시키고 수동을 능동으로 변형시킬 것인가라는 질문이 상호 연결되어 있음을 증명해 보였다는 점에서 스피노자는 뛰어나다. 스피노자는 그 어원이 그러하듯 우리 성격과 행위를 결정하는 강력한 정서인 슬픔 등의 수동적 정서를 수동성에 연결시킨다. 우리는 정신에 대한 본원적 능동성이 앎이며 앎은 거의 언제나 우리 역량을 증대시켜준다는 것을 이미 살펴보았다. 능동성은 우리에게 오직 능동적 정서로서의 기쁨을 줄 뿐이다. 따라서 우리가 수동성과 그런 수동성을 가져다주는 원인을 알면 우리는 기쁨을 누리는 동시에 능동적인 존재가 될 수 있다. 『에티카』가 주장하는 핵심적 수단, 즉 평화롭게 살 수 있게 해주는 방법은 바로 우리

의 앎이며 발견될 수 있는 '정서에 대한 가장 바람직한 치료약'
또한 바로 우리의 앎이다.

"수동적 정서는 우리가 그것에 대해 명료한 관념을 형성하는
순간 더 이상 수동 상태에 머물지 않는다."(『에티카』, 5부, 명제 3)

앎은 능동성을 찾아준다

왜 앎은 우리를 능동적인 상태에 있게 하는가? 어떻게 이해를
통해 수동은 능동으로, 결국에는 슬픔을 기쁨으로 변형시키는
것이 가능해지는가? 그런 이해가 실천이 아닌 이론과 관련되어
있는 한 오히려 반대로 앎과 이해가 수동성의 형식을 취하고 있
다고 응답해야 하는 것은 아닌가? 앎은 이해하려는 것에 순응
하기 위해 모든 동기와 주도권을 유보하는 것은 아닌가? 우리
의 모든 유약함, 인간의 비참한 조건과 관계되는 앎은 일반적으
로 우리에게 기쁨을 안겨주기보다는 오히려 슬픔을 주는 경향
이 있는 것은 아닌가?

그런 생각은 앎에 대한 매우 잘못된 개념에 근거하고 있는
것이라고 스피노자는 응답할 것이다. 사물을 진정으로 안다는
것, 즉 적합하게 안다는 것은 그 대상을 어떻게 다룰지, 대상의
자극에 어떻게 대응할지, 대상을 어떻게 포용할지를 안다는 말

이다. 진정한 앎은 우리의 진정한 필요에 부적합하게 사물의 어떤 측면을 자의적으로 이해하는 것과는 거리가 멀다. 진정한 앎은 우리 자신의 진정한 본성과 해당 사물의 적합한 관계를 아는 것이다.

정신과 신체의 평행론을 좀더 탐구해보기로 하자. 높은 산의 암벽을 타고 넘어야 한다고 가정해보자. 암벽을 타는 기술을 배우지 않는 것은 곧 암벽에서 미끄러지지 않으면서 암벽을 타는 방식을 모른다는 것과 같다. 그렇게 되면 분명히 치명적일 추락은 피하기 어려울 것이다. 그때 우리 신체는 전적으로 수동적인 상태가 되며 산의 힘에 줄곧 지배당하면서 결국에는 그 힘에 패배하게 될 것이다. 우리가 신체를 알고 그 기능을 이해한다고 상상해보자. 우리는 어떻게 신체의 유연성을 발휘할 수 있는지를 알고 있고 근육의 위치를 안다. 이는 결국 신체의 어느 지점에 힘을 주어 균형을 잡을지를 알고 있는 것과 같다. 그리고 다른 한편 우리가 암벽을 이해하고 있다고 해보자. 우리는 암벽의 단층과 돌출부, 견고함과 구조를 안다. 신체와 암벽에 대한 이런 이해를 통해 우리는 능동적인 상태에 처하게 된다. 이제 우리는 굴러떨어지는 대신 암벽을 오를 수 있다. 산에 지배당하는 대신 산을 지배한다. 우리의 신체는 그때 더 큰 역량을 가지게 되며 더 유연해진다. 신체는 더 많이 환경에 적응할 수 있고 환경을 신체의 본원적 요구에 더 많이 맞출 수 있는 것이다. 신체는 환경을 감내하는 대신 환경에 능동적으로 대처하게 된다. 이런 것을 가능하게 하는 것이 신체와 외부 대상, 신체를 거스를 가능성이 있는 제약 조건에 대한 앎이다.

정신적인 삶에 대한 앎과 정서적인 삶에 대한 앎의 결과는 정확하게 같은 것이다. 슬픔, 고통, 의기소침은 무엇인가? 그것은 우리가 어떻게 대응해야 할지 모르는 것, 우리를 무력하게 만드는 것, 우리를 방해하거나 마비시키는 것과 마주한 결과 도달하게 된 상태다. 가끔은 고통 그 자체가 우리를 어찌하지 못하게 한다. 즉 신체의 에너지는 예컨대 근육통과 같은 신체의 고통 때문에 고갈되기도 한다. 그러나 이들 모든 경우에 우리에게 어떤 일이 일어났는지를 이해하지 못하는 것이 곧 우리를 무력하게 만드는 것이다. 즉 우리의 고통을 이해하지 못하면 그것과 맞설 수 있는 방법에 대한 가장 적은 관념도 더 이상 가지지 못한다. 소중한 이를 잃었을 때 슬픔은 우리를 무력하게 한다. 그 사람 없이 어떻게 살아야 할지 알지 못하기 때문이다. 굴욕을 당한 후 우리는 돌연히 가치가 하락된 우리 자신에 대해 어떤 식으로 이미지를 만들고 살아가야 할지 모르기 때문에 무력해진다.

고통을 대면해 우리가 대응을 한다는 것만은 분명하다. 울든

비명을 지르든 때리든 보복의 계획을 세우든 그 방법은 다양하다. 그러나 그것은 분명 반응의 문제다. 다시 말해 수동 상태이지 능동 상태인 것은 아니다. 그런 반응은 사실 우리의 내적 판단인 능동적인 것이 아니라 우리에게 충격을 주거나 영향을 미친 대상에 대해 단순히 수동적으로 반향한 것일 뿐이다.

앎에서 기쁨으로

수동성을 이해했을 때 어떤 일이 생기는가? 우선 이해를 하게 되면 이해 그 자체가 우리에게 기쁨을 준다. 그것은 명료한 지성의 형상을 얻고자 수동 상태의 혼돈과 어려움에서 벗어나는 경이로움을 거쳐 마침내 성공적으로 우리의 관념을 명료하게 한 것에 대한 기쁨이다. 지성적인 만족의 증거는 지성이 우리에게 언제나 예외 없는 기쁨을 가져다준다는 데 있다. 자취를 남기는 삶에서 우리를 압도하는 삶의 불행과 고난에 마주쳤을 때 무엇보다도 우선 지성이 행동할 차비를 하는 것이다. 우선 첫 번째로 그런 순수한 지성의 기쁨이 정서적 슬픔을 가늠하고 상대적인 것으로 만든다.

두 번째로 획득한 지성과 그것에서 기인하는 기쁨은 고통에서 벗어날 수 있게 해줄 행동을 하도록 도와준다. 우리는 고통의 원인을 이미 이해하고 있기 때문에 그 원인을 변화시키고자 할 것이다. 그리고 또한 우리의 수동성을 변화시키고자 할 것이다. 사랑했던 이를 상실했을 경우 우리는 그 사람의 어떤 점을 그토록 사랑했는지 따져보게 될 것이다. 그 사람을 관통해 그것을 찾고 또 생각할 것이다. 그런 사유를 통해 우리는 그처럼 행복했던 그 사람과 나의 추억은 사라지지 않았으며 그런 기억은 영원한 것임을 이해하게 된다. 우리를 참되게 행복하게 했던 것을 이해함으로써 바로 그것을 원하고 필요로 하게 된다. 따라서 우리는 다가올 미래에 어떻게 행동해야 하는지 알게 될 것이다. 이웃이나 동료의 모욕이 불러일으킨 치욕과 분노의 원인(일부는 그 사람의 나쁜 기분 때문이었을 것이고, 일부는 나의 태도 때문이었을 것이다. 그리고 아마도 둘 사이의 근본적 가치관이 충돌했을지도 모른다)을 이해하면서 우리는 다가올 미래에 어떻게 처신해야 하는지를 결정할 수 있을 것이다. 따라서 기쁨은 이중적이다. 우선 하나는 문제를 지성적으로 주도한다는 것, 지성에 기인하는 능동적 행위의 관점을 가지는 것에서 얻는 기쁨이다. 그리고 또한 능동성의 기쁨이 있다. 능동성은 정확히 지성적인 것이며 앞으로 적합한 행동을 할 수 있게 해주는 것이기도 하다.

그렇다면 수동적인 슬픔을 이해하고자 하고 수동적인 기쁨을 이용하는 것에 만족해야 하는 것은 아닌가? 우리가 앞으로 알아볼 것처럼 스피노자는 분명 그와 반대되는 것을 권한다. 물론 수동적인 기쁨과 수동적인 슬픔을 일으키는 원인을 아는 것은 유용할뿐더러 이로운 일이다.

우리는 때로 그 이유를 알지 못한 채 사랑에 빠진다. 그때의 기쁨은 우리에게 기적으로 보이고 우리가 그것을 이해하지 못할 때 더욱 매혹적으로 느껴진다. 그러나 그렇기 때문에 우리는 의심과 정서적 회의의 희생양이 되기도 한다. 우리의 사랑을 이해하지 못하면 우리는 의심하고 질투하고 수동적인 태도를 취하게 된다. 이때 우리의 사랑이 이런 상태에서 벗어나 다른 것으로 변형되기를 기대하는 것은 어렵다. 사랑의 기쁨은 돌연 슬픔으로 뒤집힐 위험에 노출되어 있다. 그 원인을 이해함으로써 수동적 사랑은 능동적 사랑으로 변화한다. 왜 우리가 어떤 사람을 사랑하는가를 알게 됨으로써 사랑은 더욱 분명해지고 의심, 질투, 좌절과 같은 다양한 부정적 정서의 희생양이 되는 경우는 더욱 줄어들게 되는 것이다.

때로 다른 곳에서 기쁨을 찾아라

스피노자는 지성이 우리의 수동성을 이해하고 그런 수동성을 능동적인 기쁨으로 변형시킬 수 있다는 강한 믿음을 가지고 있었던 것으로 보인다.

스피노자는 다음과 같이 확신한다.

"우리가 명료한 개념을 형성할 수 없는 신체의 변용은 없다."
(『에티카』, 5부, 명제 4)

스피노자에게 정신은 다만 신체의 거울일 뿐임을 다시 상기하자. 즉 우리의 모든 정서는 신체 운동의 정확한 반영일 뿐이다. 분노, 슬픔, 욕망이 우리를 뒤흔들 때 신체에서는 이와 유사한 어떤 것이 만들어진다. 만일 우리가 그때 신체가 변용되는 복잡한 방식을 모두 알 수 있고 또한 그때의 수동성을 이해할 수 있다면 우리는 신체의 모든 것을 알 수 있기 때문에 모든 정서의 주인이 될 수 있다. 원칙적으로는 말이다. 우리는 그때 신체의 변용과 상응하는 정신의 수동성을 모두 능동성으로 변형시킬 수 있게 될 것이다. 우리는 또한 언제나 슬픔, 혼돈, 내적 폭력성의 피난처에 머물 수 있고 기쁨과 능동성을 누리며 살아갈 것이다.

그런데 다른 곳에서 스피노자는 문제가 그렇게 단순하지만은 않다는 것을 인정한다. 우선 우리는 이미 우리가 정서의 진정한 원인을 착각하기 쉽다는 점을 살펴보았다. 거의 대부분의 경우 우리가 진정으로 사랑하고 미워하는 대상은 피상적으로 알고 있는 그것이 아니다. 그것은 앞선 장에서 보았듯이 환상의 구조에 지배된다. 우리는 그 진정한 원인이 아닌 대상에서 기쁨과 슬픔을 얻는다. 그때 우리는 환상의 원인에 의존해 정서를 설명하면서 방황한다. 신중을 기해 우리는 우리에게 그런 잘못된 진단을 내리게 한 원인에서 벗어나야 한다. 사랑과 미움은 진정 우리가 알고 있는 그 원인에 따라 생겨난 것인가?

그러나 한층 더 치밀한 계획을 세우려면 진정으로 우리가 우리 자신을 흔들고 교란시키는 것을 모두 이해할 능력을 가지고 있는지 물어보아야 한다. 아마도 빠져나오기 너무나도 힘든 슬픔이 있을 것이고 도무지 이해할 수 없는 것도 있을 것이다. 그런 슬픔을 이해하려 하기보다는 그런 슬픔을 피해 가는 것이 다른 곳에서 기쁨을 찾는 데 더 이로울 것이다.

짚고 넘어가기

1 당신의 앎, 지적인 발견, 복잡한 추론을 성공적으로 이끌
   어내는 일, 새로운 생각을 착안하는 일 등을 이끌어내는
   기쁨에는 어떤 것이 있는가? 그런 기쁨을 이와 유사한 기
   쁨을 느낄 수 있는 다른 종류의 기쁨과 비교해보라. 그런
   인식의 기쁨이 정서적 슬픔을 줄여주거나 변화시킨다고
   생각하는가?

2 지금부터 슬픔, 분노, 사랑, 질투, 치욕감 등의 강한 정서
   를 느낄 때 당신이 그 정서의 원인이라고 믿는 것을 염두
   에 두지 않도록 노력해보라. 당신은 분노를 느끼는가? 그
   런 분노를 야기한 사건이나 사람에 대한 생각을 떨쳐버리
   자. 당신은 혹시 질투하고 있는 것은 아닌가?

3 당신이 사랑하는 사람과 사랑의 경쟁자를 모두 잊어보라.
   당신이 사랑하는 사람을 생각하지 말고 다만 그 감정 자
   체의 모든 양상을 탐구해보라. 실제로 그렇게 해보니 당

신의 감정이 변화되었는가? 그 감정이 확대되었는가? 줄
어들었는가? 아마도 당신의 정서, 분노는 당신이 믿는 원
인 때문에 일어난 것이 아니다. 질투나 사랑의 감정은 당
신이 상상하는 여러 상황 때문에 생겨난 것이다.

4 당신이 느끼는 감정의 원인이라고 상상하는 것과 거리를
두라. 그리고 진짜 원인을 찾아야 한다. 정서의 기원을 찾
아보라. 그 감정은 당신 자신 안에 있는 것인가? 무엇 때
문에 그런 감정을 느끼게 되었는가? 외부에서 당신이 받
은 영향은 무엇인가? 정서의 명쾌한 원인을 찾음으로써
당신은 그 감정을 더 잘 조절할 수 있게 되는가? 그런 인
식이 미래의 행동 방법에 대한 그림을 그릴 수 있게 해주
는가?

슬픔은 아무것도
알려주지 않는다

당신은 아마도 이제부터 고통과 그 원인을 숙고하려면 오랜 기간 칩거해야 할 것이라고 생각할지도 모른다. 우리는 친구와 카페에서, 심리학자의 긴 의자 위에서 우리 문제를 이해하기 위해 그 문제를 끝없이 곱씹어보아야 할 것이다. 그리고 당신은 아마도 그렇게 할 때 우리가 우리 문제에 더 많이 몰두하게 될 것이라고 그럴듯하게 생각할 것이다.

슬픔은 앎을 방해한다

다행스럽게도 고통의 원인에 대한 숙고는 스피노자가 우리에게 제안한 해법의 전부가 아니다. 슬픔은 아무것도 가르쳐주지 않기 때문이다. 사람들은 종종 절망의 끝까지 가봐야 한다고 믿는다. 치욕의 경험은 우리가 더 나은 사람이 될 수 있도록 만들어주고 그렇기 때문에 우리에게 이로운 것이다. 그것이 고통의 목적이며 그 목적을 위해 고통의 이유를 잘 알아야 한다는 것이다. 그러나 스피노자는 이와 달리 다만 우리는 우리 자신뿐 아니라 우리를 파괴하고 약하게 만드는 힘에 대해서도 알아야 한다고 말했을 뿐이다. 스피노자에게 고통을 관통하며 얻어야 하는 것은 단지 우리 자신의 토대로 향하는 출구가 아니다. 오히려 그 반대로 그것은 우리에게 낯선 것, 우리 생명력에 맞서고 우리를 약하게 만드는 모든 것을 포용할 수 있도록 해주는 방법이다.

근본적으로 우리는 우선 살기를 바란다. 우리는 존재의 욕망이며 지속의 욕망이자 역량 증진의 욕망 그 자체다. 그런 이유 때문에 악에 관한 적합한 관념은 있을 수 없다. 즉 자유로운 인간은 결코 죽음에 대해 생각하지 않는다. 악과 죽음은 결코 우리를 이루는 부분이 될 수 없는 관념이다. 우리는 악과 죽음, 즉 본성에 반하는 관념에 대해 적합하게 생각할 수 없다. 그런 관념은 우리의 실존을 박탈하며 본성을 구성하는 부분이 될 수 없기 때문이다.

이런 까닭에 자살은 우리 양심의 심판에서 유래하는 욕망일 수 없다. 내면의 본성은 어떤 경우든 자살을 욕망하지 않는다.

우리는 다만 우리 삶의 외부 조건, 환경의 힘에 패배했을 때 혹은 우리가 자신의 진정한 욕망, 우리는 실제로 살고 싶어 한다는 것을 오해했다는 점에서 패배했을 때만 자살을 생각한다. 사실 자살은 우리 자신이 행하는 것이 아니라 우리를 파괴하려 드는 외부 힘의 압력에 굴복했을 때 일어나는 일이다.

따라서 슬픔에 대한 이해는 결코 우리 자신에 대한 이해일 수 없다. 그것은 우리에게 상반되는 인식이다. 그렇다면 우리는 우리와 완전하게 상반되는 것, 우리와 어떤 공통분모도 갖지 않은 것을 적합하게 인식할 수 있을까?

모든 슬픔 안에는 일부분의 기쁨이 들어 있다

오직 본성에 적합한 것만이 우리에게 기쁨을 가져다준다. 그런 사물은 우리와 공통되는 것을 가지고 있기 때문이다. 이것은 그런 사물이 본성을 구성하고 있다는 것이자 그것과 결합해 더 강하고 더 완전하고 더 강한 새로운 것을 만들어낼 수 있다는 것을 의미한다.

반대로 우리에게 적합하지 않은 것, 본성과 양립할 수 없는 것은 우리에게 슬픔을 준다. 그런데도 우리와 그 어떤 점에서도 공통된 부분을 가지지 않은 것은 우리에게 악을 행할 수도 없다. 우리에게 완전하게 낯선 것은 본성과 연결될 수도 결코 우리에게 힘을 행사할 수도 없다. 그것은 우리에게 힘을 행사할 역량을 가지지 못한다. 따라서 우리에게 악을 행하는 것은 그 안에 일부 본성과 반하는 것을 가지고 있을지라도 그것은 또한 그와 동시에 본성에 적합한 어떤 부분도 가지고 있는 것이다. 그것은 우리와 일부 공통된 부분을 가지고 있기 때문에 우리와 적합하게 연결될 수 있지만 그와 동시에 그것이 가진 본성과 불화를 일으키는 측면은 우리를 파괴시킬 수 있다. 독은 오직 그것을 잘못 먹었을 때만 우리에게 해를 끼친다. 우리는 원칙적으로 우리와 공통된 부분을 가지지 못한 것과 관계를 맺을 수 없다, 그리고 그것은 우리를 파괴할 수도 없을 것이다. 즉 우리에게 행복을 줄 역량을 갖지 못하는 것은 우리에게 슬픔을 줄 역량 또한 갖지 못한다. 해당 사물과 전혀 관계를 맺지 못하고 따라서 어떤 합의의 기반도 가지지 못하기 때문에 생기는 불화 혹은 몰이해는 문젯거리를 던져주지도 못한다.

간단히 말해 겉으로 드러나지 않을 뿐 한 조각 기쁨을 그 안에 숨기지 않은 슬픔이란 존재하지 않는다. 따라서 우리의 수동성을 탐구할 때 우리는 언제나 무엇보다도 그 슬픔 안에 숨어 있는 기쁨을 규정하기 위해 노력해야 한다. 사실 수동적인 슬픔이 왜곡시키고 성장을 방해하는 바로 그 기쁨이 우리를 진정한 우리 자신으로 인도해가는 것이다.

우리는 다만 우리와 공통된 것만을 이해한다

여기에서 조금 더 멀리 갈 수 있다. 우리와 공통되는 부분을 가진 사물에서, 즉 함께 조화를 이루며 우리 자신을 구축할 수 있는 것에서 기쁨이 생긴다는 것을 이미 살펴보았다. 그 공통된 부분에 대해서만 우리는 명료한 앎을 가질 수 있는 것이다. 이는 결론적으로 우리에게 기쁨을 주는 사물에 대해서만 참된 인식을 할 수 있다는 것을 말해준다.

그런데 왜 그런가? 왜 우리는 우리와 사물의 공통된 부분에 대해서만 참되게 알 수 있는가? 스피노자에게 본질적으로 앎은 곧 행위이기 때문임을 떠올려야 한다. 우리는 어떤 사물이 만드는 것을 우리 또한 동일하게 생산할 때, 그 사물이 행하는 것을 우리 또한 동일하게 행할 때 그 사물을 참되게 이해할 수 있다. 우리는 어떤 사물과 동일하게 느끼고 생각할 수 있을 때 그 사물의 느낌과 생각을 이해할 수 있다. 이는 예술이나 기술에 숙달될 때에야 비로소 그 예술이나 기술을 이해하는 것과 같다. 따라서 스피노자에게 원의 정의는 중심에 이르는 거리가 동일한 점을 연결한 것이 아니다. 그런 정의는 어떻게 원을 그리는가를 가르쳐주지 못하기 때문이다. 가장 좋은 원의 정의는 한 끝은 고정되어 있고 다른 한 끝은 움직이는 직선의 운동이다. 움직이는 한 끝의 움직임이 곧 원을 그려내기 때문이다. 원을 생산하는 것이 바로 원의 정의 자체다.

　우리와 원 사이에 아무런 공통된 부분도 가지지 않는다면 우리 신체로 원을 재생산할 수는 없을 것이다. 사실 우리는 셀 수 없이 많은 존재와 공통되는 부분들을 가진다. 예를 들어 〈당랑권〉과 같은 홍콩 영화의 내용과 동일하게 우리는 사마귀가 볏짚 묶음을 어떻게 다루는지를 알 수 있고 그 움직임을 흉내 내면서 어떻게 그 앞발을 칼과 같이 사용하는지를 이해할 수 있다. 우리는 사마귀의 움직임을 재생산할 수 있으며 이는 바로 그 운동 역량을 사마귀와 공유하고 있음을 보여준다. 즉 우리는 바로 그 공통된 부분, 사마귀의 운동 방식을 이해하고 있는 것이다. 바로 그 지점에서 우리는 부분적으로 우리와 사마귀를 동일시할 수 있다. 바꾸어 말해 사마귀의 운동 구조를 이해하는 인간의 행위와 생각은 우리 자신을 재인식하고 재생산하는 것과 동일한 것이며 결국 그것을 이해하는 것과 같다. 그러나 우리가 절대 이해할 수 없는 것, 즉 본성과 공통된 부분을 지니지 않은 것은 우리에게 언제까지나 이해할 수 없는 것으로 남는다. 결국 우리는 그런 행위를 재생산할 어떤 방법도 알지 못한다는 것이고 그것의 내적 상태를 재생할 방법 또한 모른다는 것이다. 그것은 본성에 낯선 것이고 이해할 수 없는 것이며 우리를 슬프게 한다.

수동적인 슬픔을 이해하기 위한 길은 매우 험난하다. 우리는 직접적으로 슬픔을 이해할 수는 없다. 명료한 관념을 갖기에는 우리에게 슬픔을 주는 원인은 너무 복잡하고 너무 낯선 것이다. 오히려 그와 반대로 우리는 사물과 공통된 부분, 우리에게 적합한 부분에 대한 경험에서 시작해야 한다. 슬픔을 던져주는 복잡함을 파고들어서는 그런 복잡한 사물을 제대로 이해할 수 없다. 그런 복잡함은 우리를 무력하게 만드는 슬픔의 형식이다. 오히려 단순하고 명백한 관념을 통할 때 우리는 슬픔을 이해할 수 있다. 그래서 기쁨을 탐구한 후에야 비로소 슬픔을 이해할 수 있게 된다. 명료하게 이해한 기쁨의 근거만이 슬픔을 분명하게 밝히고 그것을 이해할 수 있게 해준다.

우리에게 낯선 것과 일치되는 점을 찾아라

그것은 또한 새로운 기쁨으로 열리는 것, 즉 우리에게 낯설어 보이는 대상과의 적합성을 찾아낸다는 것을 함축한다. 이를 위해 우리는 신체에 더 많이 익숙해져야 하고 신체가 더 많이 민감해질 수 있도록 해야 한다. 신체가 다른 사물의 행위와 동일한 것을 더 많이 만들어낼수록 다른 사물의 본성과 공통된 것을 더 많이 가질 수 있게 된다. 신체가 더 많이 민감해질수록 셀 수 없이 많은 정서를 구분하고 느낄 수 있게 되며 더 많이 이해할 수 있게 된다. 스포츠 훈련, 여러 기예를 갈고 닦는 것, 악기를 다루는 일, 식당이나 양조장에서 그러하듯 미각이나 후각을 훈련하는 일, 감각적 즐거움의 경험, 사막을 횡단하는 일이나 만년설을 접하는 등의 극단적 상황이나 전혀 낯선 상황에 처하는 일 등은 신체가 새로운 현실에 접할 수 있게 해주고 이는 그 신체에 새로운 역량을 부여한다. 경험하기 이전에 무서워했던 일, 사막의 건조함이나 만년설과 같은 것이 우리와 조화로운 공통된 접점을 가지게 되고 우리를 더 강하게 만든다. 우리가 더 많은 사물에 익숙해질수록, 그것들을 더 편하게 느끼게 될수록 우리가 슬픔의 희생양이 되는 경우는 줄어들고 경험한 것만큼의 기쁨을 얻게 된다.

스피노자는 정신과 신체의 평행론 안에서 꽤 멀리 나아갔다. 우리를 구원하는 관념은 정신과 신체에 동일하게 의존한다.

이런 사실을 통해 스피노자는 『에티카』의 끝부분에 다음과 같이 썼다.

"더 많은 사물에 적합한 신체를 가진 이는 그만큼의 영원한 부분을 가진 정신을 소유한다."(『에티카』, 5부, 명제 34)

우리는 아직 스피노자가 영원과 정신을 어떻게 이해했는지 알지 못한다. 그러나 지금 신체의 재능이 정신의 재능과 한 쌍을 이룬다는 사실을 알 수 있다. 즉 신체가 더 많은 경험을 하고 더 많은 것을 할수록 정신 또한 더 많은 것을 이해하는 데 적합하게 된다.

그래서 수동적인 슬픔의 목적을 이해하려면 기쁨으로 경유해 돌아가야 한다. 이 문제에 대한 출발점으로 되돌아가자. 그것은 수동을 능동으로, 슬픔을 기쁨으로 변형시키는 인식이었다. 그러나 우리는 직접적으로는 수동적인 슬픔을 이해할 수 없다. 하나를 거쳐 다른 하나로 나아가야 한다. 그것은 우리에게 적합한 사물을 경험해 기쁨을 얻고 그 기쁨에서 적합한 관념을 얻는 것으로 계속 이어져야 함을 의미한다. 공통된 것이 들어 있다고 느낄 수 있는 사물의 수를 늘려갈 수 있다면 우리의 앎과 기쁨 또한 그렇게 증대될 것이다. 우리를 슬프게 만드는 것의 수가 줄어들수록 우리의 앎 또한 그에 비례해 늘어가고 슬픔에 맞설 수 있고 이해할 수 있는 에너지는 늘어난다.

슬픔을 변형시키려면 슬픔에 대한 인식이 필요하다. 그러나 그런 인식 역량을 늘리는 일이 오직 우리 자신에게 달린 문제라고만 치부할 수는 없다. 우리는 또한 가능한 슬픔을 줄이고 더 많은 기쁨을 불러일으키는 데 적합한 방식으로 외부 조건, 환경을 변형시켜야 한다. 이때 인간의 요구에 맞게 외부 조건, 환경을 바꿀 수 있는 기술의 역할이 그 한 축을 담당할 것이다. 그러나 그 이전에 기쁨, 자유, 영원 안에서 누리는 삶을 가능하게 해줄 정치의 역할이 요청된다.

짚고 넘어가기

1   앞으로 강한 부정적 정서를 느끼게 되는 일이 있을 것이다. 그때 분노, 절망, 치욕과 같은 슬픔의 정서는 무시하고 그런 부정적 정서 안에 있는 기쁨의 요소를 찾아 거기에 집중해보라. 그 기쁨의 요소가 당신을 분노하게 하거나 치욕감을 느끼게 했는가? 부정적 정서 안에 그 자체로 기쁨을 주는 것이 있는가? 그것은 아마도 당신이 인정하기 싫은 삶의 흔적 같은 것은 아닌가? 이에 대한 명료한 관념을 가지도록 노력하라. 그런 인식이 당신이 느끼는 슬픔의 양상을 바꾸었는가?

2   앞으로 언젠가 당신은 이해할 수 없는 행동을 하거나 태도를 보이는 사람과 갈등을 겪게 될 것이다. 당신이 이해할 수 없는 것(즉 그 사람을 당신에게 낯선 대상으로 만든 것)을 이해하려고 애쓰지 말고 당신과 그 사람이 서로 공유하는 것을 보려고 노력하라. 당신과 그 사람이 서로 공유하는 것에서 이해를 시작하면 당신과 다른 그 사람의

일면 또한 더 잘 이해할 수 있지 않겠는가? 그때 그 사람의 행동에 대한 당신의 반응 또한 변화하지 않을까?

3 앞으로 언젠가 당신은 해결할 수 없을 것처럼 보이는 문제에 부딪히게 될 것이다. 당신이 해결하기에는 복잡하고 의구심이 들게 하고 즉각적으로 해결할 방법이 없는 문제 말이다. 우선 무엇보다도 당신에게 문제 해결의 단초가 되는 힘을 가진 단순하지만 명백한 관념, 즉 당신이 확신하는 것에 집중하라. 그런 단순하지만 확실한 관념에 기반을 두고 거기에서 모든 결론을 도출해내라. 그런 다음 확신을 가지고 당신에게 가장 중요한 것을 알아내고 처음의 문제로 다시 돌아가라. 그렇게 하면 그 문제가 더 분명하게 보이지 않을까?

4 동일한 방법을 당신의 행동에도 적용해보라. 앞으로 언젠가 당신 자신이 유약하고 복잡한 업무를 할 수 없을 것처

럼 느낄 때가 있을 것이다. 마찬가지로 그때도 문제를 옆
으로 제쳐놓아라. 그리고 당신이 확실히 할 수 있다고 알
고 있는 행위로 관심을 돌려라. 그리고 그 행위를 더 깊이
있게, 완전하게 수행하도록 노력하라. 그리고 그것에 대
한 확신과 능력을 가지고 처음의 업무로 돌아가라.

자유로운 인간의 공동체

여기까지 보면 스피노자가 부도덕은 물론이고 이기주의를 설파하고 있다는 인상을 준다. 그 무엇보다도 스피노자는 우리로 하여금 타인의 운명을 염려하도록 하는 연민이나 망신과 같은 모든 슬픈 정서를 성심을 다해 피하면서 본원적 기쁨을 추구해야 한다고 말하기 때문에 스피노자의 주장은 이기적인 것으로 보일 수도 있다. 스피노자가 또한 그것이 어떤 행동이든, 즉 현명한 것이든 미친 것이든 범죄이든 간에 상관없이 모든 인간이 그가 이해한 대로 행동하고 실존할 동일한 권리를 가지고 있다고 말하는 것은 그의 이론이 반도덕적이지 않은가 의구심이 들게 한다.

스피노자가 유용성을 기준으로 선을 정의했다는 것을 떠올려보라. 덕은 완전히 이기적인 것으로 우리에게 개별적으로 이익을 줄 수 있는 것을 추구하는 데 있다.

공동선을 위해 이기주의자가 되어라

그런데 인간에게 가장 유용한 것은 무엇인가? 인간에게 가장 선하게 유용한 것은 무엇인가? 어떤 것과 결합해야 더 큰 역량을 갖는 데 필요한 가장 훌륭한 실천 양식, 더 많은 실천 양식을 소유할 수 있게 되는가?

우리는 이런 질문에 대해 확신을 가지고 답할 수 있다. 우리에게 가장 유용한 것은 바로 다른 사람들이다. 인간의 본성에 다른 인간만큼 이로운 것은 존재하지 않는다.

이에 대해 스피노자는 다음과 같이 쓴다.

"인간은 인간에게 신이다"라는 말은 거의 모든 사람의 입에 오르내리며 경험 자체로 매일 무수하고도 명백한 증거에 따라 입증된다."(『에티카』, 4부, 명제 35, 주석)

개인적 이익에 대한 욕구, 즉 우리에게 이로운 것을 찾는 이기적 욕망이 상대가 남자든 여자든 간에 다른 인간과 협력하고자 하고 그들과 친교를 맺고자 노력하게 하는 것이다. 그런데 그것이 다른 사람들을 노예나 하인처럼 다루고 본래 우리의 필요에 따라 복종시켜야 함을 의미하는가? 즉 그들을 단순히 우리 역량과 행복을 위한 도구로 이용하라는 말인가?

전혀 그렇지 않다. 타인을 착취하거나 지배하면 우리는 그들의 수동적인 슬픔에 강하게 자극되기 때문이다. 즉 우리는 원한, 시기, 질투, 분노 등과 같은 감정을 그들에게 불러일으킬 것이다. 즉 간단히 말해 그들은 우리 때문에 슬픔에 빠지게 된다. 그리고 정서의 모방 구조에 따라 우리 또한 그들의 수동적인 슬픔에 감염되지 않을 수 없다. 그들의 슬픔을 피하기 위한 모든 노력에도 우리는 수동적인 슬픔의 지옥 같은 원환의 새로운 죄수가 된다.

이것이 모든 것에 앞서 끊임없이 다른 자유로운 인간들과 결합하려고 해야 하는 까닭이다. 즉 우리는 이성의 지도 아래에서 살아가는 사람들(자의성의 인도를 받는 사람들이 아니라!)과 교제해야 한다. 만일 사람들이 수동의 희생양에서 벗어나지 못한다면, 우리는 그들을 해방시킬 수 있는 모든 것을 해야 한다. 우리는 그들을 자유롭게 하는 데 도움을 주는 교육을 해야 하고 그들에게 기쁨을 주기 위해 사랑을 베풀어야 한다. 그것은 무엇보다도 자유로운 사람들 사이에서 살아야 우리가 더 자유로워지고 기쁨을 느끼는 사람들 사이에 살아야 우리의 기쁨 또한 더해

지기 때문이다.

그런 사람은 지배당하는 존재와는 거리가 멀다. 반대로 이런 방식과 같은 좋은 이기적 태도를 통해 다른 사람들 또한 우리만큼 이기적인 존재가 되기를 희망할 수 있다.

스피노자는 다음과 같이 쓴다.

"개개의 인간이 자신에게 유익한 것을 가장 많이 추구할 때 인간은 서로 유익하다."(『에티카』, 4부, 명제 35, 보충 2)

결국 각자가 무엇보다 자기 자신을 잘 돌볼수록 타인도 돕게 된다. 자신에게 기쁨을 줄수록 타인에게도 더 큰 기쁨을 주게 된다. 수동적 정서가 아니라 이성적이고 지혜로운 방식에 따르는 이기주의 안에서 우리는 타인에게 가장 큰 봉사를 행할 수 있다.

서로 사랑하고 함께 진리를 추구하라

지금까지 우리는 스피노자가 이전에 자신이 버렸던 도덕을 다시 살려내는 것을 보았다. 어떤 것이 선하다면 그것은 유용하기 때문이다. 자유로운 사람들과 결합하는 것이 가장 유용하다면 선한 사람들과 조화를 이루는 데 기여하는 모든 것을 선이라 불러야 하고 그것을 망치는 모든 것을 악이라 불러야 할 것이다.

그런 도덕의 원리에는 무엇이 있는가?

으뜸가는 원칙은 언제나 미움에 사랑으로 응답하는 것이다. 타인이 우리에게 가하는 분노, 경멸, 시기 등의 슬픈 정서에 다른 슬픔의 정서, 다른 미움의 형식으로 응답한다면 우리는 더 큰 슬픔에 잠기게 되고 타인을 한층 더 미워하게 될 것이다. 우리가 기쁨을 누리는 사람들 사이에서 살기를 원하는 것과 같이 사랑을 통해 그들에게 기쁨을 주면서 타인에 대한 미움의 슬픔을 약화시키려고 노력해야 한다.

두 번째 원칙은 사람들과 일치되는 가운데 진리의 역할을 인지하는 것이다. 사실상 어떤 견해나 의견에서 느끼는 감정에 따라 그런 견해에 동의하는 이들과 반대하는 이들로 나뉜다. 사람들은 자신이 사랑하는 것을 타인도 사랑하도록 유도하기를 원하고 남들도 자신의 취향에 따라 살기를 바라는 비합리적 상황에 사로잡히기 쉽다는 것을 이미 살펴보았다. 이런 상황은 사람들 사이의 분열과 갈등으로 이어진다. 따라서 이런 상황에서 그 무엇보다 진리를 찾는 것이 중요해진다. 진리는 모든 이에게 공통되는 것이자 모두가 공유할 수 있는 것으로 정의할 수 있다. 따라서 모든 사람이 잘 이해할 수 있고 수용할 수 있도록 조화로운 진리를 추구하는 것이 필요하다. 우리는 앞으로 인간의 매

우 해로운 악, 예컨대 타인을 자신의 삶의 방식에 따라 살아가
도록 강제하는 명예욕 같은 것이 현자의 지혜를 통해 어떻게 선
으로 변형될 수 있는지 살펴볼 것이다. 미리 간단히 말하자면
그것을 가능하게 하는 것은 우리가 발견하는 진리를 타인과 공
유하는 일이다.

짚고 넘어가기

1 다른 어떤 것을 위해 당신의 행복을 희생해야 한다고 생
   각하는 상황에 처했던 적이 있는가? 그런 희생이 분명하
   게 타당한 경우라면 반대로 그런 희생을 당신 자신을 성
   숙하게 하는 계기로 삼으면서 그 어떤 것을 도울 수 있지
   않을까?

2 당신은 역경에 어떻게 반응하는가? 부정적 정서가 가해
   질 때 동일한 정서로 응하지 않는가? 분노에 분노로, 공포
   에 공포로, 원한에는 원한으로 말이다.

3 갈등 혹은 다른 주장을 접할 때 어떤 희생을 치르더라도
   당신 자신의 견해를 강요하려고 애쓰지 않는가? 다른 주
   장이 채택되었을 때 패배감을 느끼는가?

4 어떻게 하면 당신의 이기심을 다른 이에게 유용한 것으로
   바꿀 수 있는지를 상상해보라. 이제부터는 당신 자신에게

도움이 되면서 그와 동시에 타인에게도 도움을 줄 수 있는 체계적인 방법이 필요한 것이다.

5   타인의 부정적 정서에 긍정적 정서로 답하도록 노력해보라. 사랑으로 응하면서 타인의 미움을 누그러뜨리고 그들의 불안을 신념으로 안정되게 하라. 그리고 원한은 용서로 달래보아라. 그렇게 하면 당신의 정서를 안정되게 할 뿐 아니라 타인 또한 그렇게 만들 수 있지 않겠는가?

6   다른 모든 삶의 조건과 마찬가지로 갈등 속에서도 그 갈등을 불러일으킨 어떤 것의 참된 면을 찾도록 노력해보라. 이후 당신이 논쟁 속에서 혼란스러워질 때 자신에게 하듯이 당신의 논쟁 상대에게도 이런 방식을 다시 적용해보라. 두 가지 상황이 각기 함축하고 있는 참된 면을 찾도록 노력하라. 두 사람이 서로 다른 의견이나 이론을 내세우고 있다고 여기지 말라. 그 두 사람이 동일한 질문을 두

가지 다른 방식으로 던졌다고, 그들은 아직 특별한 답변
을 가지고 있지 않다고 생각해보라. 아마도 그렇게 하면
그 두 상황에서 단 하나의 참된 진리를 한층 더 쉽게 찾아
낼 수 있을 것이다.

악덕에 들어 있는 미덕

마지막 예로 다시 돌아가자. 즉 스피노자가 말한 명예욕과 경건함 사이에는 어떤 차이가 존재하는가? 명예욕은 자기 자신의 취향, 주장, 사랑에 맞춰 다른 사람들이 살아가도록 강제하기를 원하는 것을 말한다. 경건함은 탐구된 진리를 다른 사람들과 함께 나누는 것을 말한다. 그런데 이것들은 그 근본에서는 동일한 욕망 아닌가?

명예욕에서 경건함으로

첫 번째 차이는 명예욕의 동기는 슬픔이고 경건함의 동기는 기쁨이라는 점에 있다. 불확실함은 우리를 고통스럽게 한다. 선하게 살아갈 수 있는 방법과 견해의 올바름에 대한 확신을 가지지 못하기 때문에 다른 사람들 또한 우리와 같은 방식으로 살아가는가를 확인함으로써 우리가 옳다는 사실을 끊임없이 확인받고자 하는 것이다. 그러나 경건함이 낳는 것은 이와 전혀 다르다. 진리에 대한 인식이 우리에게 기쁨을 주기 때문에 우리는 그 기쁨을 타인과 나누고 싶어 하며 이것이 바로 경건함이다. 이로부터 다음과 같은 결론이 따라 나온다. 명예욕은 무지와 혼돈의 산물이다. 사실상 우리가 사랑하는 것을 참되게 알지 못하기 때문에 타인들과 동일한 것을 사랑함으로써 사랑의 진실성을 타인들이 확고하게 증명해주기를 바라는 것이다. 이에 반해 경건함은 단지 우리 자신과 세계에 대해 가지는 통찰력에 의해 생겨나는 것이다.

우리는 또한 이런 경건함에 존재하는 참된 인식을 통해 욕망이 변화되었다는 것을 안다. 즉 이로부터 두 가지 내용이 드러난다. 욕망은 더 이상 우리가 통제하지 못하는 수동적 욕망이 아니며 이성은 더 이상 판단하고 비난하는 무미건조한 권력이 아니다. 스피노자 안에서 이성은 그 자체로 욕망이 된다.

따라서 스피노자는 다음과 같이 쓴다.

"우리의 모든 행위는 수동 정서에 의해 결정될 수 있다. 그러나 동일한 행위를 수동 정서가 아닌 이성에 따라 할 수 있다."(『에

티카』, 4부, 명제 59)

　우리가 감수하는 수동성의 결과가 아니라 우리가 전적으로 수긍하는 이성적 욕망의 결과로서 동일한 행위를 함으로써 이성은 마침내 욕망을 변형시키게 된다. 욕망을 인식하면서 다른 것에 의해 흔들리고 지배받는 존재로 살아가는 대신에 우리는 욕망을 정체성의 본질적인 부분으로 확신하게 된다. 이렇게 수동성은 능동성이 된다.

욕망을 변형시켜라

그 어떤 행위나 욕망도 그 자체로는 나쁘지 않다. 그것은 이성이 아니라 수동 정서에 의해 유발되는 방식에서만 악이 된다. 악에 대한 질문을 분석한 내용을 상기해보자. 악은 그 자체로 성립하는 것이 아니라 다른 것과 이어진 사물의 관계 안에 있는 것이다. 따라서 개인에게 악은 이해하기 힘든 것이며 한 개인을 바보로 만들고 무력하게 한다. 사회에게 악은 화합, 평화, 협동, 상호 이해를 방해한다. 우리는 즉각 여기에 기쁨보다는 슬픔에 의해, 욕망보다는 공포에 의해 촉발되는 방식에 따르는 행위는 나쁘다고 덧붙일 수 있다.

　여기에 바로 우리가 욕망을 왜곡하고자 하거나 혹은 욕망을 에둘러 가는 자유의지에 대한 요구를 강도 높게 고발한 까닭이 있다. 실제로 스피노자는 앎이 모든 악을 덕으로 변형시킬 수 있다고 확신했다. 술 중독자와 약물 중독자는 도취와 열광을 꿈꾼다. 하지만 스포츠나 창조적 예술에서도 도취와 열광을 얻을 수 있다. 섹스 중독자는 쾌락의 향유를 꿈꾼다. 그러나 그들은 다른 종류의 행복을 얻는 방법을 배울 수 있다. 도둑은 기발한 방법으로 법규를 피하고 싶어 한다. 그러나 아마도 그는 영민한 발명가가 될 수도 있을 것이다.

그들의 욕망을 변형시키는 데 핵심이 되는 것은 타락하고 비합리적 욕망 안에 있는 긍정적 측면을 강조하고 각각의 욕망 안에 잠들어 있는 기쁨의 조각을 되찾는 것이다. 그들의 욕망을 비난하는 것으로는 다만 부정적인 측면만을 볼 수 있기 때문이다. 이는 그런 욕망의 해로움을 악화시키고 타락하고 비합리적인 욕망은 슬픔에 의해 반동되어 더 많이 촉발될 것이다. 우리는 이제 기쁨이 욕망을 촉발하는 방식 안에서 욕망을 좋은 것으로 만들어야 한다는 것을 알았다.

"우리 사유와 이미지에 질서를 세우면서 각 사물의 좋은 면에 언제나 주의해야 한다. 그런 방식을 통해 우리 행동을 결정하는 것이 언제나 기쁨의 정서가 되도록 해야 하는 것이다. 예컨대 어떤 사람이 스스로 지나치게 명예를 추구한다는 것을 안다면 그는 명예를 바르게 사용하는 것에 대해 생각할 것이다. 그는 그때 왜 명예를 얻어야 하는지, 어떤 방식으로 그것을 얻을 수 있는지를 생각해야 한다. 반면 명예의 악용에 대해, 그리고 그것의 공허함과 인간의 변덕스러움, 그밖의 나쁜 점은 생각하지 않는 것이 좋다. 그런 것은 정신이 병든 경우가 아니라면 생각하지 않는다. 명예욕에 가장 많이 사로잡힌 자는 자신이 추구하는 명예를 얻는 데 실패해 좌절했을 때 그런 생각을 하며 괴로워하기 때문이다. 그는 분노를 드러내면서도 현명한 사람으로 보이기를 원하는 것이다. 따라서 명예의 악용과 세계의 공허함에 대해 가장 크게 외치는 사람이 사실 가장 열렬히 명예를 갈망하는 자라는 것은 명확하다. 이것은 명예욕에 가득 찬 사람뿐 아니라 불행한 운명에 시달리고 무기력한 정신을 소유한 모든 이에게 동일하게 적용된다. 가난하면서도 탐욕스러운 이 또한 돈의 악용과 부자의 죄에 대해 끊임없이 말하는데 그렇게 그는 자신을 해칠 뿐 아니라 자신의 가난과 타인의 부가 모두 그 자신의 불안감을 키우도록 만들 뿐이다. 연인에게 외면당한 사람 역시 연인의 변덕과 정신의 기만, 연인의 결점을 생각하지만 그 연인이 자신을 받아들이는 순간 그 모든 것을 망각한다. 따라서 자신의 정서와 욕구를 오직 자유에 대한

사랑으로 통제하고자 하는 이는 가능한 한 덕과 함께 덕의 원
인을 인식하고 참다운 덕의 앎에서 생기는 기쁨으로 정신을 채
우려고 할 것이다. 그는 인간의 악에 대해서는 가능한 한 생각
하지 않으려 하며 인간을 비방하려고 하지도 않을 것이다."(『에
티카』, 5부, 명제 10, 주석)

욕망의 원인을 보라

이성으로 욕망을 비난하고 덕과 악을 서로 상반되는 것으로 여
기기보다는 언제나 악 안에서 덕을, 욕망에서 이성을 보아야 한
다. 악은 결국 슬픔 그 자체이기 때문이다. 슬픔은 우리를 무력
하게 하고 좌절감에 쌓여 행동하게 한다. 의지의 힘으로 욕망
을 좌우할수록 욕망은 더욱 격앙되고 우리 자신을 통제하는 것
이 더욱 어려워진다. 반대로 욕망을 이해할수록, 욕망을 촉발시
키는 기쁨의 부분을 증대시킬수록 우리 자신을 더 잘 통제할 수
있게 된다. 기쁨은 우리에게 그런 힘을 주기 때문이다.

욕망을 자기 자리에

욕망은 우리 존재 안에 각각 넘치지도 모자라지도 않는 자신의
자리를 차지하고 있다. 그 자체로 목적인 것이 아니라 다른 것
을 위한 수단으로 욕망을 본다면 모든 욕망은 그 자신의 기능을

가지며 삶 안에서 역할을 맡고 있다.

스피노자는 『지성개선론』에서 다음과 같이 강조한다.

"돈, 명예, 쾌락은 다른 목적을 위한 수단이 아니라 그 자체가 목적인 한 오직 해로운 것일 뿐이다. 반대로 그것을 수단으로 추구하며 어떤 수준을 넘어서지 않는다면 욕망은 해로운 것과는 거리가 멀어진다. 그것은 오히려 바람직한 목적을 성취하는 데 크게 기여하며 우리는 이 사실을 우리 시대에서 목격하고 있다."

오직 돈을 위해 돈을 추구하는 것은 분명 악이 된다. 그러나 돈이 우리가 다른 기획을 실현하는 데 도움을 준다면, 그때 악은 덕이 된다. 오직 즐거움을 누리기 위해 쾌락을 좇는 것은 분명 악이 된다. 그러나 더 깊이 있는 욕망에서 얻는 쾌락, 예컨대 사람과 자연, 앎, 예술 등에 대한 욕망에서 얻는 쾌락은 선이 된다. 개인적인 명예욕을 위해 명예를 추구하는 것은 분명 악이 된다. 그러나 대의를 지키기 위해 유명해져야 한다면 그런 욕구는 덕이 된다. 욕망을 더 큰 욕망의 수단으로 사용하면서 우리는 욕망이 과도하지 않다는 사실을 확신하게 될 것이다. 과도함은 그 욕망이 잘못된 것임을 보여주는 원칙이다. 덕으로서의 욕망은 우리 삶 안에서 그런 욕망이 제자리를 차지하고 제 기능을 하고 있음을 보여준다.

기쁨과 합리성을 제공해주는 그런 욕망, 즉 우리의 다른 욕망을 지탱해주고 여러 가지 다른 욕망에 상대적인 그런 절대적 사랑, 순수한 기쁨 등은 어떤 면에서 우월한 욕망이 되는 것일까? 그것은 "순수한 기쁨을 주고 여타 모든 슬픔을 제거함으로써 정신을 성장시키는 무한하고 영원한 것을 향한 사랑"이며, 그것은 우리의 성찰의 목적을 깨우쳐줄까?

이를 이해하려면 이제 스피노자의 형이상학에 대해 관심을 기울여야 한다.

짚고 넘어가기

1   당신에게 호의적이지 않은 외부 조건 때문이든 당신 자신
에게 그럴 능력이 없다고 느끼기 때문이든 간에 당신의
욕망을 실현할 수 있다는 믿음을 갖지 못할 때 유사한 욕
망을 실현시킨 이를 헐뜯으면서 욕망 그 자체를 폄훼하지
는 않는가?

2   삶의 목적 중의 어떤 것은 세속적 욕망이며 그 세속적 욕
망은 그 자체로 인생의 목적이 되지 않는가? 정직하게 당
신 자신을 대면하려고 해보라. 그것들을 그 자체가 목적
인 것이 아니라 다른 것을 위한 수단으로 재해석할 수 있
는가? 그런 세속적 욕망에 대한 정도를 넘는 추구가 당신
이 중요하다고 판단하는 다른 생의 기획을 실현하는 데
방해가 된다면 반대로 그런 세속적 욕망을 당신의 다른
기획을 실현시키는 데 도움이 될 법한 수단으로 바꿀 수
있는가?

3   당신의 강박적 습관, 그러니까 중독, 부도덕하거나 비난
     받을 만해서 바꾸기를 원하는 욕망에 대해 생각해보라.
     그런 욕망의 긍정적 측면, 그것을 욕망하게 만드는 이유
     를 끌어내보라. 그런 욕망에 기반을 두는 무력감이나 결
     핍만 보는 것 대신에 그것이 전달하는 에너지를 보도록
     하라.

4   당신의 욕망을 더 이상 비난하지 않도록 하라. 그것이 당
     신에게 가져다주는 기쁨에 유의하면서 당신이 왜 그런 욕
     망을 느끼는지를 알아야 한다.

5   갖가지 삶의 조건, 당신의 실존적 기획이나 가치와 갈등
     을 일으키는 욕망을 억압하거나 그것들과 거리를 두는 대
     신 삶의 틀 안에 의미를 가져올 수 있도록 그런 욕망을 변
     형시킬 수 있는 방법을 찾아내야 한다.

IV
내다보기

종교
너머에
존재하는
신

이 지점에 이르면 우리는 스피노자가 자신이 무신론자임을 고백했다고 믿고 싶어진다. 그는 우리의 종교적 믿음을 비웃고 이 믿음의 오류를 증명하고자 하는가? 사실 스피노자는 인간이 신의 판단을 따를 의무가 없고 신이 제시하는 모범이나 신의 법을 따라 살아가거나 혹은 신의 의지에 복종하거나 신의 사랑이나 관용을 간청할 필요가 없으며 신의 심판을 두려워하거나 어떤 보답을 그에게 기대할 이유가 없다는 것을 증명함으로써 대다수의 종교적 믿음이 허구임을 보여준다. 인간은 신의 이미지에 따라 창조되지 않았으며 이 세계는 인간에게 적합하도록 창조되지 않았다. 기독교, 유대교, 이슬람교 등의 공통 토대인 이런 종교적 믿음은 인간과 연결되어 있고 동시에 인간을 소외시키는 가장 나쁜 환상에 속하는 것이다. 스피노자가 종교를 언급할 때 미신이라는 용어를 완곡하게 사용하는 까닭이 바로 여기에 있다.

그렇기는 하지만 무신론자라는 비난에 맞서 스피노자는 냉철하게 자신을 방어한다. 이미 앞서 드러났듯이 스피노자는 신을 자주 언급한다. 무신론이란 무엇인가? 종교적 교리 혹은 종교에 관련된 무언가를 믿지 않는 것을 말하는가? 초자연적이고 초월적인 존재를 믿지 않는 사람을 가리키는가? 어떤 종교이든 간에 우주를 지배하는 자의 실존을 부정하는 자가 무신론자인가? 혹은 인간의 생리적 요구와 이익에 우선하는 원리의 실존을 부정하는 자를 말하는가? 스피노자는 실존의 태도를 기준으로 무신론을 정의했다. 무신론은 사람들의 본원적 욕망 너머를 전혀 알지 못하며 물질적 쾌락과 사회적 관계의 영역 그 이상을 수긍하지 않는 태도를 그 특성으로 삼는다.

"사실 무신론은 도를 넘어 부유함과 명예를 좇는 태도를 말하는 것이다. 나를 알고 있는 사람들이 잘 알고 있듯 나는 언제나 이런 것들을 경시해왔다."(오스텡에게 보낸 편지)

스피노자는 자신의 생활 태도를 통해 무신론자와 자신을 구분해주기를 바랐다. 스피노자는 자신을 무신론자로 생각하지 않았다. 그는 돈, 사회적 성공, 쾌락 등을 좇으며 인생을 보내지 않았다. 그가 사회 권력이나 돈의 손쉬운 만족감을 추구하지 않을 수 있었다면 그것은 그가 다른 계획에서 더 가치 있는 만족감을 발견했기 때문이다.

앞서 다루었던 내용을 다시 살펴보자. 인간은 자신의 사치스러운 욕구, 경제적 탐욕, 성적 방종 등을 절제할 수 있다. 그것들의 가치를 부정해서가 아니라 훨씬 큰 역량을 가진 욕망, 사랑으로 그것들을 변화시킬 수 있기 때문이다.

이 세계가 바로 신이다

스피노자는 우리가 신에 대해 갖는 관념을 엄격하게 분석하면서 자신의 성찰을 시작한다.

우리는 신을 어떤 존재로 이해하는가? 우리는 신에 대해 우리가 속한 이 물리적 세계와는 다른 곳에 존재하며 완전한 힘을 가지고 있지만 인간에게 자신의 질서를 강제하지 못하는 무한한 존재라는 모호한 관념을 가지고 있다. 이런 신은 끝없이 선한 존재로 여겨지지만 인간이 서로 악을 행하는 것을 막지는 못한다.

우리가 신에 대해 갖는 이런 이미지는 전혀 서로 정합적이지 않다. 신이 전능한 동시에 무한하게 선하다면서 어떻게 악을 인내할 수 있는가? 악이 존재한다면 이것은 신의 역량이 어떻든

간에 그 역량은 자신의 무한하게 선한 의지를 현실화하기에는 불충분한 것임을 보여주는 것은 아닌가? 그렇지 않다고 신이 여전히 완전한 역량을 가지고 있다면 선과 마찬가지로 악도 동일하게 행하기를 원한다는 것일까? 신에 대한 우리의 비정합적인 관념을 여전히 견지하려면 선하지만 무능한 신이나 전능하지만 선하지 않은 신, 둘 중의 하나를 선택해야 한다.

그러나 스피노자는 우리가 신에 대해 갖는 관념의 비정합성을 더 근본적인 수준에서 파고들어간다. 그런 자신의 시도를 공격이 불가능할 정도의 절대적인 것으로 만들기 위해 스피노자는 기하학적 방법을 사용한다. 기하학적 방법이란 몇 개의 단순한 공리에서 시작해 거기에서 차례로 이후의 모든 명제를 도출해내는 방식을 말한다.

모든 것에 존재하는 신은 판단하지 않는다

'신은 무한하다'는 기독교인, 유대교인, 이슬람교도가 모두 받아들이는 근본적인 믿음 중 하나이며 스피노자가 사용한 공리 중의 하나이기도 하다. 그런데 이것이 진정으로 의미하는 것은 무엇인가? 신이 무한하다면 그는 결코 자신의 바깥에 존재할 수 없다. 즉 신 밖에 존재하는 모든 것(신이 포기한 세계, 악한 것, 신성하지 못한 창조물)은 신성한 신의 본성을 제한할 것이고 이는 곧 신이 무한하지 않다는 결론의 증거가 될 것이다. 스피노자는 따라서 다음과 같은 결론에 도달한다. 다시 말해 신의 무한성은 신성한 신의 본성에는 존재하는 모든 것이 다 포함되어 있다는 사실을 함축한다. 존재하는 것은 그것이 무엇이든 무의미하고 미미한 것조차도 무한하고 제약이 전혀 없는 신의 일부다. 당신, 나, 지푸라기, 흘러가는 구름 등 존재하는 모든 것은 신의 본성의 집합을 조화롭게 구성하는 요소인 것이다.

신은 결국 우주 전체, 자연의 전체 집합 이외의 다른 것이 아니다. 이런 관점에서 보면 스피노자의 신은 범신론적 신과 그다지 다르지 않다. 신은 모든 것에서 자신을 드러내고 자연은 그 자체로 신성하다. 신성한 법칙은 예언자에게 계시되는 것과 같은 법이 아니라 자연의 법칙이며 우리는 물리학이나 생물학을 이수하는 과정 중에 배우는 것과 같다. 신을 이해하려면 그것을 우리 인간 세계에서 떼어내서는 안 된다. 그리고 자연을 신비로운 것으로서 높이 치켜세워서도 안 된다. 오히려 반대로 이 지상의 우리 현실과 극히 밀접하게 연결된 것에 흥미를 가져야 한다. 이 지상에 존재하는 개개의 것이 모두 신성한 본성을 명징하게 표현하고 있기 때문이다.

신은 부재하지 않으며 멀리 있거나 숨어 있지 않다. 신은 또한 여기와는 다른 세계에 머무는 것이 아니다. 신은 또한 우주의 실재와 완전하게 하나를 이루는 것이기 때문에 인간의 행동이나 세계의 진행 과정을 심판하지 않는다. 이 땅의 모든 것은 신성한 본성의 일부로서 생산되는 것이기 때문에 신은 이 땅에 왔다 가는 것을 판단하지도 저주하지도 북돋아주지도 않는다. 신이 자연을 판단하고 인간을 꾸짖고 인간의 행위를 비난한다면 그것은 신이 그 자신을 꾸짖고 부정하는 것이 될 것이다.

아무것도 요구하지 않는 신

그것은 우리를 신을 이해하는 데 토대가 되는 두 번째 공리로 이끈다. 신은 무한한 존재일 뿐 아니라 전능한 것으로 추정된다. 이것은 앞선 논의에서 도출된 것으로 사실상 신이 무한하다면 우리가 이미 앞서 살펴본 대로 어떤 것도 그를 떠나 존재할 수 없다. 즉 그 어떤 것도 그의 역량에 맞설 수 없다. 그러나 계시 종교는 인간에게 자신이 아닌 다른 것이 될 것을 끝없이 요구하는 존재로 신을 묘사하면서 신의 개념을 혼란스럽게 만든다. 즉 그들은 신이 인간에게 복종을 요구하고 희생을 역설하고 순결을 원하고 법을 선포하고 인간을 심판한다고 말한다. 그러나 요청하고 요구하는 신은 기껏해야 인간이 자신을 따르도록 만들 수는 없는 신에 불과한 것이고 결국 그것은 신이 전능하지 못하다는 것을 의미할 뿐이다. 그것은 신이 아니다. 신은 전능하다. 전능하기 때문에 아무것도 요구하지 않으며 어떤 것도 부족하지 않고 다른 것을 필요로 하지 않을뿐더러 욕망하지도 않는다. 이런 신의 전능함이 바로 신이 인간에게 아무것도 요구하지 않고 간구하지 않으며 구하지 않는 까닭이다. 인간은 자연의 다른 모든 것과 마찬가지로 전능한 신성함이 그렇게 만들어내기를 원했던 바로 그것 자체이기 때문이다. 앞서 논의했던 것을 기억해보자. 우리는 이전의 장에서 완전함과 실재성이라는 두 단어가 동일한 것의 다른 표현이며 이는 동전의 양면과 같은 것이라고 말했다. 우리에게 불완전한 것으로 보이는 세계는 모든 것이 실재적인 것이라는 점에서 역시 완전하다. 신성한 힘이 만들어내는 것을 드러내는 본원적 실재성을 가지고 있다는 점에서 보자면 인간 가운데 가장 유약하고 가장 비합리적이며 가장 위험한 사람들도 또한 동일하게 완전하다. 따라서 술 중독자, 광인, 어리석은 자, 반사회적인 이들조차 신은 비난하지 않는다.

그렇다면 이는 신은 악을 권장한다는 것을 의미하는가? 전쟁, 악, 잔혹함, 증오의 현실에 처해 무엇을 할 것인가? 그것들의 완전함을 인정하고 이토록 난폭한 세상을 창조한 신의 역량을 찬미해야 하는가? 악은 완전한 이 세계의 또 다른 측면일 뿐인가? 아니면 이와 반대로 훨씬 자주 우리의 실재, 즉 불완전하고 잔인하며 살기 힘든 현실은 스피노자가 틀렸음을 보여주는 증거 아니겠는가?

그 어떤 보답도 기대하지 않은 채 신을 사랑하고 이 세계를 사랑하라
스피노자는 합리적인 추론을 하면서 우리가 오류를 범하고 있다고 대답한다. 우리는 철저하게 인간의 시각을 취하고 있다는 것이다. 인간의 경험과 필요를 떠나 이 우주의 완전함을 성찰해야 한다. 다시 말해 인간은 우주의 중심이 아니며 우주 창조의 목적 또한 아니다. 인간의 관점에서, 즉 인간에게 본원적인 필요성과 감수성에 견지에서 보면 우주는 매우 분명하게 불완전하다. 이 세계는 자주 인간의 열망을 위협하기 때문이다. 그러나 그것이 곧 우리가 우주 그 자체의 완전성을 판별하는 근거가 되지는 않는다. 우리는 이때 이 세계가 우리에게 필요한 것을 충족시켜주는 곳인가, 또는 그것을 충족시켜줄 수 있는 곳인가를 이 세계의 완전성을 판별하는 척도로 사용하기 때문이다.

스피노자의 이런 생각을 받아들이면 신은 우리 자신이 아닌 것을 우리에게 요구하지 않듯이 신이 어떠하든 간에 우리 또한 신에게 아무것도 간구할 수 없다는 결론에 도달하게 된다. 이때 신이 우리를 사랑한다는 것을 보여주기를 원하며 그에게 아무것도 간구할 수 없다. 그가 우리를 고난에서 구해주기를 간구할 수 없다. 그가 우리를 특별히 사랑해 우리가 성공할 수 있게 도 와달라고 간청할 수 없다. 신이 그의 다른 창조물보다 더 우리 를 사랑할 그 어떤 이유도 없다. 그리고 신이 우주의 또 다른 상 황에 비해 우리 사정을 더 생각해줄 까닭도 없다. 존재하는 것 에 대한 그의 사랑은 자신에 대한 신의 사랑과 다를 것이 없기 때문이다. 신은 인간을 그 자신의 일부, 전체의 일부로서 사랑 한다. 그것은 아마도 우리가 신체의 각 부분에 신경을 쓰는 것 과 같을 것이다.

오직 인간을 편애하는 신이라는 관념은 나이트 샤말란 감독 의 영화 〈싸인〉에서 매우 잘 표현되어 있다. 배우 멜 깁슨이 연 기하는 주인공, 즉 신앙심을 잃어버린 신부는 외계인의 끔찍한 침략에서 자신의 가족을 구원해준 존재에게 인도하는 일련의 우연의 일치 안에서 신이 실존한다는 증거를 보았다고 믿는다. 그러나 멜 깁슨과 그의 이웃을 구원한 신의 선함은 어디에 있 는가? 왜 신은 외계인(그들은 저열하고 악독한 모습을 하고 등장한 다)이 아니라 인간 존재를 구원했을까? 사실 신은 자신의 창조 물 전체를 관통하며 그 자신을 사랑한다. 정념에 휘둘리지 않기 때문에 신은 다른 것보다 특정한 창조물에 더 집착할 이유가 없 다. 즉 그가 자칼보다 인간을, 숲을 파괴하는 폭풍보다 숲을 더 사랑할 이유가 없는 것이다.

따라서 우리는 더 이상 우리 사랑을 돌려받고자 신을 사랑하지는 않을 것이다. 우리는 신을 사랑할 것이다. 다시 말해 우리는 자연과 존재하는 모든 것을 사랑할 것이다. 그런 사랑은 우리를 지복으로 이끌어갈 것이기 때문이다. 이 지복의 경험은 이 책의 첫 부분에 나오는 한 구절 "영원하고 무한한 것에 대한 활기찬 사랑은 그 어떤 슬픔도 찾아볼 수 없는 기쁨, 순수한 기쁨으로 정신을 만족시킨다"에서 떠올렸을 법한 그런 경험이다. 우리는 신에게 충성을 다했고 따라서 그 대가로 구원받기 위해 신을 사랑하지는 않을 것이다. 신의 사랑은 그 자신을 구원하는 것이기 때문이다.

신에 대한 지적인 사랑

우리는 삶 속에서 사랑이 얼마나 중요한지를 강조하면서 성찰하기 시작했다. 예를 들어 어떤 것을 사랑의 대상으로 선택해야 하는가, 어떤 것에 애착을 가져야 하는가, 행복은 어디에 기댄 것이어야 하는가를 아는 것이 스피노자에게는 가장 중요한 과제이다. 우리의 모든 지복과 행복은 우리가 어떤 대상을 사랑하는가와 어떻게 그것을 사랑할 것인가에 달려 있다.

필연성에 대한 사랑

우리가 사랑하는 것이 우리를 소외시키고 우리에게 고통을 준다면 그것은 우리가 사랑하는 것이 덧없고 불안정하며 예측 불가능한 것이기 때문이다. 그 대상이 사라지고 생각을 바꾸거나 달라질 때 그 대상이 주었던 행복은 반드시 고통으로 전환된다. 우리는 타인과 맺는 관계를 오래 지속시켜줄 수 있는 방법, 타인과 겪는 갈등을 주도할 수 있게 해주는 전략, 관계를 끊을 수 있게 해주는 수다한 수단을 늘어놓는다. 우연한 대상, 사라질 수 있는 대상, 배신하거나 우리가 기피하는 환경의 역할을 맡아 돌변하는 대상 때문에 오래 고통받을 수 있는 것이다. 그래서 바로 사랑은 반드시 필연적인 것을 향해야 한다고 스피노자는 말했다. 존재하지 않을 수 없는 것이 필연성의 정의다. 이 존재하지 않을 수 없는 것, 즉 언제나 반드시 존재할 수밖에 없는 것은 우리를 속일 수 없고 문제를 일으킬 수도 없다. 우리는 그것의 현전을 확신하기 때문이다. 그 사랑은 이 세상에 존재할 수 있는 유일한 영원한 사랑, 참된 영원한 사랑일 것이다.

우리 경험을 변화시키는 필연성의 관점 아래에서 어떻게 사물을 지각하는가에 대해 이미 살펴본 바 있다. 자유롭지 않다는 것을 이해하면 우리는 우리 자신을 더 잘 수용할 수 있다. 사람들이 제멋대로 행동하는 것이 아니라 사실은 본성의 필연성에 따라 행동하는 것과 동일하게 행동함을 알기 때문에 우리는 그들을 바꾸기를 원하는 대신 각자 있는 그대로 사랑할 수 있는 것이다. 이제부터는 그 자신이 필연성 자체인 존재, 신 혹은 자연을 사랑하는 방법을 배우자. 모든 독특한 사물, 당신, 나, 나의 고양이, 자동차, 아름다운 낙조 등은 변화하고 사라져간다. 그러나 그런 모든 변화의 공통된 점인 탄생과 죽음, 시작과 소멸은 영원하고 필연적이다.

종종 단 한 사람에게 바치는 사랑을 관통하며 우리는 세계와 삶에 대한 사랑을 믿게 된다. 우리는 그것을 알게 해준 사람 때문에 어떤 노래를 사랑하고 그녀와 함께 방문했기 때문에 어떤 나라를 사랑하며 그녀가 우리에게 요리를 해준 곳이기 때문에 어떤 장소를 사랑한다. 그런 사람을 상실할 때 우리는 더 이상 이전에 찬양했던 것을 사랑하지 않는다고 믿는다. 아름다운 경치, 함께 감상했던 영화, 같이 좋아했던 식당 등이 무의미해지며 견디기 힘든 것이 될 때조차 있다. 그런 것을 우리 눈에 경이로운 것으로 비치게 해준 이가 사라졌기 때문이다. 그러나 아마도 그때 우리를 괴롭히는 것은 우리가 본 것이 모두 환상이었다는 사실일 것이다. 진실로 어떤 사람 덕분에 우리가 어떤 대상을 사랑하게 된다면 그 대상은 항상 우리 주변에 있으며 우리를 떠나지 않아야 한다. 그리고 세상의 모든 것이 그 사람과 나를 연결시켜주는 것이기에 우리는 그 사람을 언제나 사랑한다. 부분이 변화되거나 사라지더라도 신, 즉 자연은 계속해서 존재하며 우리에게 사랑을 불러일으킨다고 스피노자는 말한다.

우리는 모든 것에 대한 사랑으로 어떤 특정 대상의 상실을 달랠 수 있는 것이다. 그 사랑은 존재하는 것 자체를 사랑하는 것이며 이 세상과 우주를 사랑하는 것이고 삶과 사라지는 것 너머에 있는 것에 대한 사랑이다.

지적 사랑을 통해 삶을 사랑하라

이와 완전히 다른 태도 또한 있다. 그들은 자신들이 사랑하는 것과 그에 따르는 감정, 즉 다시 말해 '삶'을 덤덤하게 수용해야 한다고 말한다. 어떤 흥미로움, 좋음도 싫음도 느끼지 않는 관계에서는 그 어떤 어리석음이나 소진도 발견할 수 없다. 우리는 다만 감정 없이 그것들을 대할 뿐이다. 그런데 삶에 대한 그런 사랑은 일반적으로 우리에게 사실상 그들이 아무것도 특별히 사랑하지 않음을 고백하지 않는 데 동원되는 궁색한 변명으로 보인다.

그러나 아마도 그들은 스피노자가 제시하는 신의 사랑에 대한 관념을 드러내주는 것처럼 보인다. 신은 수염을 기른 노인이나 신성한 정신을 가진 성인이 아니다. 신은 존재하는 모든 것이다. 삶을 사랑한다는 것은 어떤 국면에 정신없이 집중한다는 것을 의미하지 않으며 타인을 고려하지 않고 실존의 순간에 몰입하는 것을 가리키는 것도 아니다. 그것은 가득 찬 만큼 비어 있고 쓰디쓴 만큼이나 달콤하고 바라는 것만큼 강렬하기도

한 자신의 모든 운동을 따르는 것이다. 삶을 사랑한다는 것은 자연의 조화로움을 사랑하는 것이며 그 자신의 존재 안에 실존하는 행위 자체를 말한다. 이것이 스피노자식으로 신을 사랑하는 것이다.

자주 우리를 사로잡는 추억을 관찰해보자. 그 추억 가운데 가장 강렬하게 우리를 사로잡는 것은 무엇인가? 우리가 가장 오랫동안 욕망하거나 진정 가치 있었던 것은 우리 삶의 가장 중요한 사건 혹은 이례적으로 확신하는 것 중에 있는가? 아니면 아무것도 아닌 것, 찰나에 지나지 않는 것이 오히려 더 자주 떠오르는가? 예컨대 기차 플랫폼에 서 있었던 어떤 오후, 나의 피부 위에서 반짝이던 햇살, 골목에서 풍기던 빵의 향기, 비 내리는 일요일 아침 등이 더 자주 머리에 떠오르는가? 이런 것들은 대개가 그때가 지난 후에 우리에게 더 강렬하게 떠오르는 무의미한 것, 텅 빈 것, 막연한 기다림 등에 대한 추억이다. 그런데 그것들은 그 순간 욕망의 허상과 자기애의 겉포장이 배제된, 날것인 상태에 놓인 실존을 느꼈다는 것을 보여준다. 마주한 사람, 획득한 승리, 장대한 풍경 때문이 아니라 다만 이곳에 존재하고 있다는 단순한 사실, 다만 이 우주의 일부로서 행동하고 살아간다는 단순한 사실을 그때 깨닫게 된다.

스피노자가 주장하는 사랑은 어떤 사랑이라도 다 좋다는 의미를 내포하지 않는다. 그것은 정열적인 사랑도 달콤한 사랑도 아닌 지적인 사랑이다. 우리는 찬 것과 뜨거운 것을 대립 관계에 있는 것으로 보듯이 습관적으로 정서를 비합리적인 것으로, 이성을 필연적으로 육체와 무관한 것으로 구분한다. 그러나 우리는 한 대상을 이해하는 것이 곧 진정으로 그 대상을 사랑하는 것이라는 사실을 직관적으로 알고 있다. 진정한 앎이란 곧 사랑하는 것을 이해하는 것이다. 우리는 이제 다시 우리가 던진 질문으로 되돌아가야 한다. 어떻게 정서를 지성적으로 이해할 수 있는가? 어떻게 지성적인 정서를 가질 수 있는가? 그리고 어떻게 정서적 이성, 즉 정서의 힘을 가지고 있는 지성을 획득할 수 있는가?

짚고 넘어가기

1 잠시 동안 사람이든 가장 중요하게 여기는 활동이든 간에
   감정이 집중하는 대상을 잊어라. 우선 당신을 행복하게
   만들어주는 소소한 것을 찾아야 한다. 그리고 그 목록을
   적어라. 이전에 당신은 그것들을 사랑한다는 사실을 알았
   는가? 그것들의 공통점은 무엇인가? 어떤 방식으로 그 사
   랑의 깊이를 더 늘릴 수 있을까?

2 당신의 힘을 앗아가는 사람이나 사물이 아니라 필연적으
   로 존재하고 오래 지속되는 것에 애정을 쏟을 수 있도록
   노력하라. 그런 정서를 통해 당신에게 좌절감을 주는 정
   서에 덜 예민해지지 않을까?

사랑의 형식을 취한 직관지

우리는 신의 지적인 사랑을 시험하려면 생각하고 느끼고 이해하고 인식하는 방식을 모두 변형시켜야 한다는 것을 잘 안다. 이미 정서를 어떻게 이해해야 하는지를 검토했다. 즉 그것은 그 정서의 참된 원인을 아는 것이며 정서의 참된 원인에 대한 앎은 그런 정서의 변화를 가능하게 한다. 지금부터는 우리 사유가 더이상 실재와 괴리된 추상적인 것이 아니라 우리 자신과 우리를 둘러싼 세계에 대한 지성적 정서로 이해하려면 사유 방식을 어떻게 변화시킬 것인가를 살펴볼 것이다.

보편적 관념

스피노자는 이해를 세 가지 수준으로 나눈다. 앎에는 세 가지 종류가 있다. 첫 번째 앎은 가장 인위적일뿐더러 결코 참된 인식을 막는 장애를 없애지 못한다. 우리는 습관적으로 사물이 드러내는 양상 가운데 서로 가장 유사한 것을 관찰한다. 즉 개는 물어뜯고, 독일인은 맥주를 마시며, 젊은이는 무책임하다. 그런 것에서 출발해 우리는 조잡한 보편적인 관념을 만든다. 그리고 그로부터 본래 우리가 겪는 경험과 사물의 외부에 있으며 텅 빈 껍데기에 불과한 가장 단순한 단어를 추론하기 시작한다. 그런 인식의 형태를 통해 '인간', '여자', '선', '악' 등의 일반적이고 보편적인 단어를 사용하기 시작하면 우리는 그 언어가 만들어내는 환상의 희생양이 된다. 문제는 그런 단어를 사용하는 데 있다. 그런 단어를 통해 그렇게 보편적인 것이 실재와 대응한다고 믿게 된다. 그런데 사실 '일반적인 여자'는 '일반적인 남자' 만큼이나 이 세계에 존재하지 않는다는 사실을 우리는 알고 있다. '선'과 '악'도 마찬가지다. 이런 인식의 첫 번째 형식은 추상적이며 헛되고 초라한 것이다. 그런 인식은 참된 실재가 아니라 단어만을 제공할 뿐이다.

공통 개념

세 번째 장에서 우리는 이미 두 번째 종류의 인식을 살펴보았다. 그때 오직 사물이 서로 공유하는 것을 통해 사물을 이해할 수 있다고 말했다. 이런 공통 개념은 보편 개념으로 사물을 보라는 이야기가 결코 아니다. 공통 개념은 사물이 서로 공유하는 속성과는 무관한 것이다. 공통 개념은 우리와 사물이 공유하는 속성과 관련이 있다. 우리와 사물의 공통점에 대한 경험은 이미 정서적 경험이다. 즉 우리는 우주 안에 홀로 존재하는 것이 아니다. 우리가 다른 수다한 사물과 나누는 공통된 점이 우리로 하여금 사물의 조화를 느끼게 해준다. 그런 인식은 정신이 만드는 것일 뿐만 아니라 신체가 겪는 경험이기도 하다. 즉 조화로운 자연과 공통되는 속성을 경험하는 것이다.

결과적으로 우리는 존재하는 모든 것과 공통점을 나누고 있다. 물질로 구성된 몸체로 운동한다는 점뿐만 아니라 공간 안에서 연장된 존재라는 것 등이 그렇다. 그것이 과학과 예술이 모두 공통 개념에 의지하는 까닭이다. 예컨대 물리학은 전적으로 자연에 있는 다른 모든 사물과 우리가 나누고 있는 것에 기반을 둔다. 즉 운동하는 사물의 존재가 그것이다. 신체가 수다한 운동에 영향을 줄 수 있기 때문에 우리는 다른 사물의 운동을 이해할 수 있고 추적해 재현할 수 있다. 예컨대 행성의 궤도나 눈사태의 경로 등에 대한 이해와 재현이 그러하다.

그러나 시인 또한 자연의 사물에 대해 느끼는 공통성에서 출발해서 시적 은유를 구축한다. 꾀꼬리의 지저귐 안에서 기쁨을,

부엉이의 울음 안에서 우수를, 화산의 폭발과 여름에 쏟아지는 세찬 폭우에서 우리가 가진 에너지를 재인식할 수 있다. 시적 은유는 단순한 언어의 기교가 아니다. 우리를 자연과 연결시켜 주는 참된 공명의 표현이 시적 은유다. 즉 우리 자신의 현재 모습을 가로지르며 우리는 우리를 둘러싼 것을 잘 이해할 수 있다. 그리고 그런 이해는 다시 바로 우리 자신을 더 잘 이해하도록 해준다. 우리는 또한 태양을 향해 온몸을 쭉 펴는 고양이의 쾌감에서, 바람에 떨어지는 낙엽의 방황에서, 참나무의 기운에서, 폭우가 치기 전 컴컴한 하늘의 불안한 변화에서 우리 자신의 일부를 재인식한다. 그때 우리가 신의 일부이듯 자연의 일부라는 것을 느낀다.

모든 사물의 독특함을 직관으로 파악하라

그런데도 우리는 다른 사물과 닮은 것만큼이나 그것과 다르다. 우리가 다른 사물과 함께 공유하는 것만을 이해할 수 있다는 것은 오류다. 두 번째 종류의 인식은 아직은 불완전하다. 즉 두 번째 인식은 세 번째 종류의 인식, 즉 각 사물의 독특성에 대한 직관적 포착으로 이어진다. 이 세 번째 인식을 위해서는 두 번째 인식이 필연적으로 바탕이 되어야 한다. 다시 말해 우리와 다른 사물이 공유하는 공통점을 파악하면서 우리는 우리와 그것을 구분할 수 있게 해주는 다른 점을 이해하며 이때 모든 것은 우리 자신과 마찬가지로 저마다 유일하다.

사물의 독특성에 대한 이런 이해는 그들의 필연성에 대한 인식으로 충분하게 알 수 있는 것이 아니다. 개개의 사물을 이해한다는 것은 그 사물의 원인을 아는 것이다. 즉 그것이 어디에서 오는가를 아는 것, 왜 그것이 존재하는가, 왜 다른 것이 아닌 바로 그것이 존재하는가를 아는 것이다. 그런 직관적 인식은 원인에 대한 탐구와 분석의 노력 없이는 얻을 수 없다. 사물의 원인들을 인식하면서 우리는 그것의 필연성 또한 이해한다. 즉 다른 사물과 결합함으로써 자연이라는 퍼즐의 한 조각으로 존재한다는 사실, 신이 대체 불가능하고 필연적인 부분으로 존재한다는 사실을 이해한다. 꽃, 먼지, 아이, 보석 등 각각의 사물에 대한 참된 직관적 인식이 언제나 그와 동시에 신에 대한 인식인 까닭이기도 하다. 사물을 근본적으로 인식하면서 우리는 사물을 존재하게 하는 것을 강하게 인식하게 될 것이다. 즉 우리는 신을 인식하게 된다.

따라서 스피노자는 다음과 같이 쓴다.

"우리가 개개의 사물의 독특성에 대해 더 많이 이해할수록 신에 대해서도 더 많이 인식하게 된다."(『에티카』, 5부, 명제 24)

우리는 그렇게 부분에서 전체를 본다. 보잘것없어 보이는 사물에 대한 인식의 깊이를 더 늘려갈수록 신, 즉 우주에 대한 이해 또한 깊어진다. 개개의 사물은 그 자신의 조화로움 안에서 우주의 신성을 표현하는 소우주다. 신은 지금까지 많은 사람이 생각해왔듯이 저 높은 하늘의 구름 뒤에 있는 존재가 아니다. 신은 우리 손바닥 안 혹은 우리 눈 바로 앞에 존재한다.

지복의 경험

그런 직관적 인식은 어떻게 제시되는가? 어떻게 우리는 각 사물의 독특성과 필연성을 한번에 포착할 수 있는가? 그런 인식은 왜 사랑의 형태를 취하며 또 왜 지속적인 행복의 원천이 될 수 있는가?

그러나 스피노자가 신에 대한 지적인 사랑 혹은 세 번째 종류의 인식을 말할 때 그가 형상화하는 것을 이해하기란 쉽지 않다. 그런데도 우리는 그것에 도달하기 위한 시도를 할 수 있다. 사랑에 대한 그 어떤 보답도 기대하지 않고 오직 그 사물이 존재한다는 이유, 다른 것이 아니라 바로 그 사물로 존재한다는 이유 때문에 우리가 한 사물을 사랑하는 순간은 언제인가?

아름다움에 대한 관조가 그런 경험이 된다. 우리는 아름다운 것을 다만 그것이 존재한다는 단순한 사실 때문에 사랑한다. 아름다움은 우리에게 기쁨을 불러일으킨다. 아름다움에서 얻는 기쁨은 우리가 추구하는 다른 가치에 의해 생겨날 수 있는 쾌락이 아니고 그 사물의 유용성 여부와도 무관한 것이다. 신에 대한 지적인 사랑에서와 마찬가지로 그것은 우리에게 지복을 가져다주는 아름다움을 그 어떤 보답에 대한 기대 없이 사랑하는 것이다.

아름다움에 대한 그런 경험은 동시에 필연성에 대한 경험이기도 하다. 다른 어떤 것으로도 대체될 수 없는 구체적인 면모를 한 사물에서 지각할 때 우리는 그 사물을 아름답다고 말한다. 그리고 그 사물의 모든 부분은 마침내 필연적으로 드러나는 양식의 총체 안에 뗄 수 없이 얽혀 있다. 우리는 천재적 화가의 솜씨, 재능 있는 음악가의 연주, 위대한 작가의 스타일에 감탄한다. 그런데 그것들은 기술, 색채, 음표, 단어의 조합의 결과로 존재하며 이것들의 다른 조합으로는 결코 동일한 작품이 탄생할 수 없다. 이 모든 것의 조화로움은 분명 그 개개의 부분의 명징함에 기대고 있다. 예를 들어 걸작은 우리가 이를 수긍하게 하는 증거가 된다. 그 걸작의 형식, 구조가 필연적인 것이라면 작가는 결코 그와 다른 작품을 생산할 수 없으리라는 사실 때문이다.

따라서 이때 아름다움에 대한 경험은 곧 인식이 드러나는 사랑의 형식이다. 사르댕이 그린 선, 세잔이 그린 사과, 프랑시스 퐁주가 묘사한 비누, 에드워드 웨스턴이 찍은 여성의 신체 등을 보면서 우리는 우선 그 사물을 보고, 마침내 그 사물을 통해 표현된 진리를 본다고 믿는다. 세잔의 사과 앞에서 우리는 세잔만의 독특한 사과를 본다. 물론 그런 독특성은 우리가 일반적으로 사과라고 부르는 것 안에서 표현되는 세잔의 사과가 유일하게 가지는 독특성이다. 그 사과가 가지는 독특성 때문에 그 사과는 다른 사과와 차이가 난다. 그 사과는 일반적인 것으로 포착될 수 없는 그만의 묘한 특성, 껍질의 거친 질감, 독특한 색감과 색채를 가지고 있다. 그리고 이와 동시에 우리는 그 독특한 사과를 관통해 모든 사과의 본질, 세잔의 사과가 표현하는 모든 사과의 본질 또한 본다.

예술가는 모든 사물에 신성이 깃들어 있다는 것을 입증해준다. 그 신성은 가장 미천한 사물에서 가장 최상의 사물에까지 모든 것에서 발견된다. 예술가는 하나의 개체, 즉 예컨대 수많은 사과 중의 한 개의 사과, 부엌 식탁 위의 한 줄의 무늬에 보편이 관통하고 있음을 증명한다. 그렇게 물질에는 정신 또한 있다. 그것은 아름다운 사물 안에 있는 것이며 우리가 가장 추한 것 안에서도 흔히 발견하는 것이다. 이렇게 독특한 사물의 아름다움을 우리에게 보여주면서 예술가는 우주의 아름다움 또한 입증한다. 하나의 사과와 한 줄의 줄무늬를 사랑하는 일을 통해 우리는 이 세계와 삶을 사랑할 수 있게 된다. 사과, 줄무늬 등의 보잘것없는 사물을 우리가 이해할 수 있도록 해주면서 예술가는 또한 우리가 신을 이해하도록 도와주는 것이다.

부분에서 전체를 보라

그런 시선은 예술가나 특별히 아름다운 사물에만 가능한 것이 아니다. 우리는 모든 사물을 대면하면서 그런 능력을 개발할 수 있다. 개개의 사물을 전체의 부분으로 이해하고 그 사물을 둘러싼 것 전체가 그 사물이 다른 것이 아니라 바로 그 사물일 수 있는 전제 조건으로 어떻게 역할을 수행했는가를 인식하면 우리는 그 사물의 필연성과 세계의 필연성을 모두 파악할 수 있다. 또한 그 사물에게 독특성과 비교 불가능성을 부여한 것에 대해서도 포착할 수 있는 것이다.

우리는 우리 자신이 아닌 다른 것이 될 수 없었다. 우리가 세계에 대해 더 많이 이해할수록 우리 자신에 대해 더 많이 이해하게 된다. 그리고 우리 자신의 현재 모습을 가로질러 신을 더 많이 사랑할 수 있다. 우리가 환경에 의해 결정되고 조건이 정해졌음을 깨닫는 것이 개성을 부정함을 의미하지 않고 개성을 퇴색시키는 것도 아니다. 오히려 반대로 우리가 유일무이하고 대체 불가능한 존재라는 사실의 깨달음은 분명 우리를 둘러싼 환경, 국면이 우리로 하여금 다른 것이 아닌 바로 우리 자신으로 존재할 수 있게 해주었음을 의미한다. 우리를 넘어서는 전체의 부분과 마찬가지로 우리 자신에 대한 관념 또한 전체의 부분이다. 우리보다 훨씬 더 보잘것없이 미미한 것 또한 그러하지만 우리 자신에 대한 관념 또한 절대적으로 본질적이고 대체 불가능하다. 우리 자신이 바로 인생이 헛된 것이 아님을 입증한다. 이것은 또한 우리가 잠시 동안 머물다 떠나는 존재일지라도 우리가 그 일부로 참여한 전체는 영원하다는 것을 증명해준다. 신에 대한 지적인 사랑에 대한 경험은 따라서 우리가 영원한 것의 일부임을 발견하게 해주는 경험이기도 한 것이다.

짚고 넘어가기

1   사물을 보거나 마주할 때 당신은 그 사물과 공유하는 것을 가지고 있다. 꽃, 구름, 개미, 돌맹이와 공통되는 점을 파악했는가? 존재하고 공간 안에 자리 잡고 운동하며 영양분과 에너지를 필요로 한다는 것 등이 공통점임을 파악하라. 이런 공통점의 인식을 통해 두 번째 종류의 인식 안에서 당신의 능력이 신장된다. 그런 능력의 신장은 당신의 고독감을 덜어주면서 현실에서 당신이 기댈 수 있는 거점을 제공한다.

2   당신의 독특한 점, 당신을 둘러싼 모든 것과 당신을 구분해주는 것을 생각해보라. 당신의 행동을 결정한 모든 것, 당신에게 영향을 주었던 것을 한편에 놓아두라. 그리고 다른 한편에는 반대로 당신이 영향을 주고 그 행동을 결정했던 것, 당신의 삶의 결과로 존재하는 것을 놓아두라.

3   당신을 끝없이 체계적으로 이어지는 망을 이루는 무한한

그물코 중의 한 그물코인 듯, 아니면 거대한 모자이크를 구성하는 하나의 조각으로 생각하라. 당신이 그 연결고리나 모자이크 없이도 존재할 수 있다고 상상할 수 있는가? 그 연결고리와 분리할 수 없는 한 그물코가 바로 당신의 개별성이라는 사실을 느낄 수 있는가? 당신은 인식의 세 번째 단계로 들어가는 입구에 서 있는 것이다.

영원의 경험

인간은 불안감을 느낀다. 그리고 이 불안감은 때로 죽음으로 몰고갈 정도로 인간을 괴롭힌다. 여러 종교는 이 불안감을 없애고자 노력해왔다. 영원한 삶은 여러 종교가 사람들에게 요구하는 다양한 헌신에 대한 보상으로 자주 제시하는 대가다. 종교의 법에 성실하게 복종하고 종교의 계율을 충실히 따를수록 사람들은 죽음을 피할 수 있을뿐더러 동시에 이 땅에서는 상상할 수 없는 행복을 저 세상에서 알 수 있을 것이라고 확신한다.

스피노자는 여러 관점에서 그런 생각에 반대한다. 우선 그는 인간의 선한 행위, 덕성스러운 행위가 그런 보상을 필요로 하는 것이라고 생각하지 않았다. 그가 생각하기에 덕성스러운 행위의 이로움은 즉각적으로 명백하게 드러나는 것이기 때문이다. 즉 덕스럽고 이성적인 사람은 가장 행복하고 수동적 정서에 사로잡힌 사람들보다 훨씬 더 안정되어 있다. 삶의 주인이 되는 방법을 모르는 사람들은 그 대가를 치르기 위해 저 세상을 기다리지 않아도 된다. 문란한 삶은 그 자체로 처벌이 되기 때문이다. 그들은 덕의 실천과 덕에서 나오는 지복을 완전하게 혼동하고 있다. 사실 그래서 극단적이며 일관되지 않은 사람들이 누구보다도 저 세상에서 받는 대가를 바라는 것이다.

스피노자는 다음과 같이 쓴다.

"그들은 경건과 신앙심, 절대적으로 말해 영혼의 힘에 관련되어 있는 모든 것을 짐이라고 여긴다. 그들은 사후에 경건함과 신앙에 충실했던 예속의 대가를 받기를 희망한다. 이런 희망뿐 아니라 무엇보다도 사후에 무서운 고통으로 처벌받으리라는 공포가 그들의 영혼의 무능력과 연약함에 비례해 그들로 하여금 신의 법칙의 명령에 따라 살게 한다. 만일 이런 희망과 공포가 없었더라면 반대로 정신은 신체와 함께 소멸한다고 믿고, 그렇게 경건함과 신앙심의 부담에 짓눌린 불행한 사람들이 사후의 삶 같은 것은 없다고 믿게 된다면 그들은 오히려 모든 것을 쾌락에 따라 처리하고 자신의 힘에 따르기보다는 운명에 자신을 맡기려고 할 것이다. 이런 사실은 좋은 음식으로는 신체를 영원히 보존할 수 없다고 믿기 때문에 오히려 독이나 이와 비슷한 음식을 마음껏 먹기를 희망하거나 정신의 영원성을 믿지 않기 때문에 이성을 잃고 제 멋대로 살아가는 편이 낫다고 생각하는 것과 동일하게 내게는 매우 부당한 것으로 보인다. 이것은 검토할 가치가 없을 정도로 부당하다.”(『에티카』, 5부, 명제 41, 주석)

우리 삶이 불멸이건 필멸이건 그런 것은 삶의 방향을 제대로 이끄는 데 그 어떤 영향도 발휘하지 못한다. 이성적이고 현명하게 사는 것, 다른 사람들을 존중하고 사랑하는 일의 대가는 바로 이 세상에서 즉각적으로 느끼는 것이기 때문이다.

다른 한편 우리가 영원하다면 그것은 우리가 ‘영원한 삶’을 누린다거나 혹은 ‘불멸’한다고 말할 때의 일반적인 의미와는 무관한 것이다. 죽음은 매우 현실적인 현상이다. 그것은 생명 기능의 정지를 의미하고 생명 기능에 의존하는 지성적이며 정신적인 능력의 정지를 의미한다. 죽음은 끝이며 삶의 부정이기 때문에 ‘죽음 이후의 삶’은 사실상 그 용어 자체에서 이미 모순된 것이다.

삶이 영원할 수 있다는 믿음에는 또한 지속과 영원의 혼돈도 있다. 사람들은 영원이 매우 긴 시간, 한정할 수 없거나 무한한 시간과 다르지 않다고 믿는다. 그러나 스피노자는 영원이 시간과 무관한 것이라고 주장한다. 시간은 변화이며 다가오는 것이고 탄생과 죽음이 그러하듯 올라가고 하강하는 것이다. 시간은 즉 삶이다. 그러나 영원은 이와 다르다. 영원은 변화하지 않으며 진화하지도 않는다. 영원은 분명 시간 밖에 존재한다.

스피노자는 다음과 같이 쓴다.

"인간의 정신은 결코 신체와 함께 완전하게 파괴되지 않는다. 정신 안의 어떤 것은 영원히 존속한다."(『에티카』, 5부, 명제 23)

우리 안의 어떤 부분은 영원하며 신체가 소멸한 후에도 존속한다. 그러나 이미 살펴보았듯이 그런 영원은 삶의 질서에서 나오는 것이 아니다. 우리는 또한 그런 부분이 우리가 영혼이라 부르는 것을 가리키지 않는다는 사실을 안다. 기억, 욕망, 수동적 정서 등은 모두 영혼을 구성한다. 그리고 그것은 신체의 죽음과 함께 사라진다. 기억, 욕망 등은 모두 신체에 의존하는 것이기 때문이다.

그렇다면 영원한 부분이란 무엇인가?

우리는 신이 무한하고 영원하다는 것을 안다. 그리고 이 점에서 논의를 시작했다. 우리는 또한 우리가 한계를 갖고 유약하고 의존적이며 필멸하는 존재라는 것도 안다. 그러나 엄격한 추론과 신에 대한 지적 사랑의 경험을 논의하면서 우리가 모두 신, 즉 자연 혹은 우주의 일부분임을 증명했다. 아무리 보잘것없는 것으로 나타날지라도 그것은 신에게 본질적인 것이다. 우리는 이 모든 영원의 일시적인 부분인 것이다.

우리를 전체의 부분으로, 신성한 퍼즐의 한 조각으로 인식할 때 바로 우리는 영원성을 지각한다. 우리의 실존이 신성한 우주의 영원성에 참여한다면 그것은 또한 분명히 어떤 측면에서는 영원한 것이 틀림없다. 우리가 참여하고 있는 그 전체가 죽음과 함께 사라지는 것이 아니라면 우리는 최소한 실존의 관념은 그 죽음에 의해 영향받지 않으리라는 것을 알게 된다.

"그러나 이런저런 인간 신체의 본질을 영원의 상 아래에서 표현하는 관념이 신 안에 필연적으로 있다."(『에티카』, 5부, 명제 22)

그러나 죽음이 감각과 기억, 의식을 앗아간다면 우리는 우리가 부여잡을 수 있는 이로움과 영원성을 어떻게 알 수 있겠는가? 우리가 영원성을 느끼는 것은 사후의 일이 아니다. 우리는 생이 진행되는 가운데 그것을 지각한다.

스피노자는 다음과 같이 쓴다.

"우리는 우리가 영원하다는 것을 경험하고 느낀다."(『에티카』, 5부, 명제 23, 주석)

이런 확신은 놀라운 것으로 보일 수 있다. 어떻게 시간 안에서 살아가는 우리가 시간 밖에 있는 것을 경험할 수 있다는 말인가? 탄생하기 전에 존재했던 것에 대해서는 그 어떤 기억도 가지지 않으며 죽음 이후에 대한 기억 또한 마찬가지일 것이다. 그러나 스피노자는 우리의 영원성은 실제로 경험하는 것이며 구체적인 것이고 지각하는 것이라고 말한다. 그것은 실제로 겪는 경험이다.

우리는 진리를 접했을 때 그런 경험을 한다. 참된 관념은 영원한 관념이다. 그것은 시간의 흐름, 인간의 변화, 국면의 장애에 영향받지 않는다. 삶과 죽음은 영원에 그 어떤 흔적도 남기지 않는다. 우리가 참된 관념에 닿을 때마다 우리는 영원의 상아래에서 사물을 지각하는 것이다.

사물이나 사람의 참된 관념은 그 자체 안에서 필연적으로 자신을 증명한다. 그런 관념은 결코 다른 것일 수 없는 바로 그 사물로, 그 사물이 자신의 본성의 필연성에 따라 행하는 것으로, 바로 그 사물의 산출로 인도한다. 그리고 그것은 어떤 의미에서는 필연적으로 영원한 것이다. 우리 존재가 필연적인 것임을 포착하면서 우리 자신에 대한 참된 관념을 형성할 때, 전체 세계와 분리할 수 없는 한 부분인 동시에 우리 자신이 하나의 세계라는 사실을 수용할 때 우리는 우리가 영원의 일부분임을 깨닫고 우리가 가지고 있는 영원의 부분과 만나게 된다. 그때 우리는 기억과 감정의 신체가 소멸하더라도 우리 존재의 관념은 소멸하지 않으리라는 것을 알게 된다.

영원한 순간

우리는 우리 자신에 대한 바로 그런 인식에, 우리의 영원한 본질에 대한 정확하고 직관적인 이해에 도달할 수 있는가?

우리는 수동 정서의 원인을 이해할 수 있고 그것을 합리적인 욕망으로 변형시킬 수 있다. 합리적 욕망은 더 이상 비자의적인 것도 아니고 환경이 강제하는 것이기에 수동적으로 감내해야 하는 것도 아니다. 그것은 본성의 표현과 마찬가지로 능동적인 것이다. 우리를 결정하는 원인의 인식 안에서 발전해갈수록 우주와 우주의 질서를 세우는 법칙에 대해 더 많이 인식할 수 있다. 그때 우리 자신에 대한 인식은 우리를 신에 대한 인식으로, 신이라는 전체의 부분에 대한 인식으로 강하게 인도해간다. 우리 자신에 대한 인식은 신에 대한 앎의 씨앗을 품고 있기 때문이다. 신에 대한 그런 인식은 전체적인 것이거나 모든 것을 망라한 것은 아니다. 그러나 우리는 어떤 것이 영혼을 구제해줄 것이라는 돌연한 망상에 시달리지 않을 것이다. 우리는 각자 안에 있는 신성한 암시와 같은 영원성의 순간을 살아갈 것이다.

이를 위해 탐구하는 과정은 힘들고 시간이 많이 걸린다. 그러나 그 과정에서 우리는 이 세계와 우리 자신에 대한 지복을 발견할 수 있다. 이 과정에서 우리 자신을 사랑하고 삶을 사랑할 수 있는 것이다. 기쁨을 불러일으키는 인식은 슬픈 정서를 기쁜 정서로 바꿀 수 있다. 그 길을 막는 장애 또한 기쁨의 일부가 될 수 있다.

따라서 스피노자는 다음과 같이 『에티카』를 끝낸다.

"내가 인도한 이런 길은 발견하기가 매우 어렵다. 그러나 발견할 수 없는 것은 아니다. 이 길은 매우 어렵고 보기 드물게 발견되는 것임에는 분명하다. 그러나 큰 힘을 들이지 않고 발견할 수 있고 그 길이 어렵지도 보기 드물지도 않다면 누가 일부러 힘을 들여 이 일을 하려고 하겠는가?"

스피노자 ─ 에스피노자espinhosa('가시가 있는'이라는 뜻을 가진 포
르투갈어)에서 유래되었다 ─ 는 1632년 암스테르담에서 태어났
고, 그때 포르투갈어로 벤토라는 이름을 얻었다. 이 이름은 헤
브루어로 바루흐, 라틴어로 베네딕투스라고 표기된다. 베네딕
투스 데 스피노자의 할아버지는 포르투갈에서 단행된 유대인
대박해를 피해 프랑스의 낭트로 도망쳤고 그곳에서 잠시 정착
했다. 이후 그는 네덜란드 공화국을 최종 피난처로 선택했다.
당시 네덜란드는 종교적 관용이 폭넓게 베풀어지는 곳으로 명
성이 높았다. 자신의 유대 신앙을 공식적으로 포기한 이들을 가
리켜 마라노라고 불렀는데 스피노자 가문 또한 이들에 속했다.
그런데 이런 마라노는 종교적 박해를 피하고자 가톨릭으로 개
종했으나 실은 유대인의 정체성을 몰래 간직한 채 살아갔다. 이
렇게 복잡하고 모호한 종교를 계기로 아마도 스피노자는 종교
문제에서 회의적인 입장을 견지하게 되었을 것이다. 네덜란드

에 정착하고 나서야 마라노로 불린 유대인들은 백어 년 전에 포기해야 했던 전통과 종교 의식을 되찾을 수 있었다. 그들은 과거를 멀리 떠나보냈으며, 아마도 그때 그런 과거를 명백한 악으로 규정지었을 것이다.

스피노자는 헤브루어를 익히고 탈무드를 배우며 전통적인 유대 교육을 받았다. 형이 죽은 후 그는 열일곱 살이 되자 아버지의 해외 무역 사업을 물려받아야 했다. 그는 가족의 사업에 참여하는 동시에 라틴어 학교에서 수업을 받았고 개혁 성향의 다양한 프로테스탄트와 재침례파 교도, 퀘이커 교도를 만났다.

1656년 스피노자는 암스테르담의 유대인 공동체에서 파문을 당했다. 지금도 그가 왜 파문을 당해 다른 유대인들과 일절 접촉할 수 없게 되었는지 그 이유는 정확히 알 수 없다. 그러나 그가 24세의 나이로 파문을 당한 그 시기 이전에 이미 그의 주장이 유대교의 교리와 강력하게 배리되었던 것으로 보인다. 그의 파문과 관련한 증언 자료에 따르면 스피노자는 스스로 "신은 철학적으로만 존재하며 따라서 유대교의 율법은 틀렸다. 정신은 신체와 함께 소멸하기 때문에 신앙은 쓸모 없는 것이다"라고 주장한 사실을 인정했다. 파문식이 매우 무시무시한 의식과 함께 진행되었다는 것만은 분명하다. 그러니까 이 파문식에서 피가 담긴 대야 안에 검은 초를 밝힌 다음 그 불을 꺼버리는 의식이 진행되었다는 기록이 남아 있다. 그러나 무엇보다도 스피노자를 파문하고 저주하는 글만큼 난폭한 것은 찾아보기 힘들다.

"마하마드의 지도자들은 우리가 선언하는 그 순간부터 스피노자를 파문하고 이스라엘 백성 안에서 쫓아내기로 결정했다. 천사와 현자들의 판단에 힘입어 신과 신성한 공동체의 승인을 받아 631개의 계명이 쓰여 있는 이 신성한 두루마기 앞에서 우리는 바루흐 데 스피노자를 파문하고 저주하고 비난한다. (……) 그는 낮에 저주받을 것이고 밤에 저주받을 것이다. 그는 잠들 때 저주받고 깨어날 때 저주받을 것이다. (……) 이 책에 적힌 모든 저주가 그에게 덮쳐질 것이다. 그리고 하나님이 그의 이름을 하늘 아래에서 지울 것이다. 이 율법 책에 쓰여 있는 모든 저주로 하나님이 이스라엘의 모든 부족과 악에 빠진 그를 떼어 놓을 것이다. (……) 스피노자와는 아무도 친교를 맺어서는 안 되며 편지를 써서도 말을 해서도 안 된다. 아무도 그에게 친절을 베풀어서는 안 되며 그와 4큐브 이내의 거리에 함께 있을 수 없다. 아무도 그와 같은 지붕 아래에서 머물 수 없으며 그가 쓴 글은 아무도 읽어서는 안 된다."

파문으로 가족 관계도 손상을 입었다. 스피노자는 암스테르담을 떠나야 했으며 철학 수업에도 더 이상 참석할 수 없었다. 그는 우선 라이덴 근처에 머물렀다. 그는 그곳에서 분명히 대학 교육을 받았으며 곧 헤이그 근처로 이사했다. 그는 1663년에 『데카르트 철학의 원리』을 출판했다. 그의 두 번째 책은 『신학정치론』이며 익명으로 출간되었다. 그러나 이 책이 불러일으킨 적대감과 뒤이은 금서 조치에 의해 스피노자는 자신이 평생에 걸쳐 연구한 내용을 실은 책, 즉 『에티카』의 출판을 망설이게 되었다. 그러나 지식인 그룹과 네덜란드의 진보주의자들 사이에서 그의 명성은 빠르게 퍼져나갔으며 그 명성은 그가 살아 있는 동안 지속되었다. 스피노자는 수많은 과학자, 철학자, 신학자, 정치적 활동가와 편지를 주고받았다. 철학자 라이프니츠가 독일에서 스피노자를 만나기 위해 네덜란드를 방문했을 정도였다.

독립적으로 살아가길 원했기 때문에 스피노자는 1673년 독일 하이델베르그 대학이 그에게 제안했던 철학 교수직을 거부했다. 그 대신 그는 각종 렌즈와 안경알을 연마하는 일을 배웠다. 그는 1677년 호흡기 질환에 걸려 사망했는데 아마도 렌즈를 연마하면서 생긴 유리 가루가 섞인 공기를 들이마셨기 때문일 것이다. 스피노자가 사망한 후 그가 머물던 방에서 『지성개선론』,『헤브루어 문법책』,『정치론』의 원고가 발견되었다. 사람들은 즉각 이 세 책의 출간을 준비했다.

스피노자를 저주한 이들과 그의 철학에 반대한 이들조차도 그를 무신론자라고 오해했기 때문에 그의 삶에 대해서는 놀랄 수밖에 없었다. 스피노자는 예의 바른 자, 겸손한 자, 현자의 모범이 될 수 있는 철학자의 삶을 살았다. 스피노자를 좋지 않게 평가했던 피에르 베일도 자신의 사전에서 다음과 같이 쓴다.*

"스피노자와 이런저런 친분을 가졌던 사람들과 은거를 한 이후 한동안 그가 살았던 마을의 농부들은 모두 입을 모아 다음과 같이 말한다. 스피노자는 정직하게 거래했고 다정했으며 충직하고 앞에 나서지 않았다. 그리고 관습적 규칙을 충실하게 따랐다. 그것은 이상한 일이다. 그 사람들이 비록 교회의 율법을 충실히 따랐던 이들이긴 하지만 스피노자가 그토록 순박하게 살았던 이들에게 감탄을 불러일으킬 필요는 없었을 것이다."

스피노자의 삶은 위선적 도덕보다 엄정한 논리가 우월하다는 것을 증명한 것이다. 스피노자는 완전무결한 도덕성을 갖춘

---

* 피에르 베일,『역사·비평사전』, Slatkine, 1995.

사람으로 살았다. 그가 도달할 수 없는 이상을 가르쳤기 때문이 아니라 진리에 대한 그의 사랑과 지적인 정직성이 바로 현실 속에 존재하는 사람들로 하여금 세계를 재인식하도록 이끌었기 때문이다. 가장 큰 물의를 일으켰던 관념이 때로 사람들을 가장 고결하게 만든다. 반대로 가장 그럴듯했던 관념이 종종 사람들을 가장 많이 타락시키기도 한다.

영국의 철학자 버트런드 러셀은 다음과 같이 결론내린다.

"스피노자는 모든 위대한 철학자 중에서 가장 고귀하고 가장 사랑받을 만하다. 지성의 관점에서 과연 그를 뛰어넘을 철학자가 있다면 아마도 그는 도덕의 관점에서도 역시 이 세계에서 가장 우월할 것이다. 따라서 그가 살아 있을 때는 물론이거니와 사후 몇백 년 동안 무시무시한 악의 인간으로 여겨졌던 것은 논리적으로 지당한 결론이다."*

* 버트런드 러셀, 『서양철학사』, Gallimard, 1953.

스피노자의 저서

『에티카』(베르나르 포트라Bernard Pautrat 옮김, Seuil, 1999)

『에티카』는 스피노자가 쓴 걸작이다. 이 책은 그의 전체 철학을 보여주고 발전시키고 설명하고 정의한 책이다. 설득력 있는 논의를 위해 스피노자는 기하학적 질서에 따라 자신의 논지를 펼친다. 즉 수학적 증명의 과정을 본떠 각각의 명제는 선행하는 명제에서 연역된다. 그리고 독자는 자신이 읽은 것을 이해하고자 끊임없이 책의 다른 부분으로 되돌아가 그것을 참조하게 된다. 이런 독해는 쉽지 않다. 이 책을 독해하려면 많은 시간과 노력이 필요하다. 그러나 스피노자는 이 책에 주석을 덧붙인다. 주석은 해당 논의에 대해 한층 더 자유롭게 보완해서 설명한 것이다. 이 책의 주석은 때로는 논쟁을 불러일으킬 만하고 신랄하지만 때로는 익살스럽고 경쾌하다. 그리고 내용이 적합하고 개혁적 성향을 띤다. 『에티카』는 모두 5장으로 이루어져 있다. 각 장은 엄격한 체계에 따라 구성되었다. 이 책은 신에서 출발해 정신을 거쳐 정서와 인간의 예속을 다룬다. 그리고 마지막 장에서 인간의 자유가 등장한다. 그러나 이 책의 내부는 서로 연결되어 있기 때문에 순서에 상관없이 독해할 수 있다. 예컨대 이 책이 그렇게 했듯이 정서에 대한 가장 직접적인 질문을 던지며 3장부터 읽어나갈 수 있다. 다양한 번역서가 존재한다. 그중 내가 선택한 베르나르의 번역서는 스피노자의 라틴어 원문 번역에 대한 신뢰도와 명확성 면에서 탁월한 책이다.

『정치론』과 『서한집』(Garnier-Flammarion, 1993)

간결하고 꽤 압축적으로 스피노자가 자신의 개혁적 정치사상을 설명한 책이 『정치론』이다. 사실 이 얇은 책을 통해 스피노자의 개혁적 정치사상을 모두 파악하는 것은 어렵다. 이 책은 아주 중요한 책이다. 이에 반해 수많은 과학자, 신학자, 사상가들과 주고받은 그의 편지는 매우 풍부한 내용을 담고 있어 스피노자의 사상과 『에티카』의 체계를 더 분명하게 이해하는 데 도움을 준다. 편지는 그의 주된 저서를 이해하는 데 필수불가결한 보완적 내용과 기본 지식을 제공한다. 그리고 그와 편지를 교환한 이들 가운데 몇몇 사람의 순진함은 때로 유쾌한 미소를 짓게 한다.

『신학정치론』(GF Flammarion, 1965)

그의 생전에 익명으로 출간한 이 책은 다양한 면모를 담고 있다. 이 책에서 스피노자는 구약성경의 정치적·사회적 기능과 기원을 새롭게 해석할 것을 제안한다. 그러고 나서 더 나아가 정치에 관한 그의 사유를 드러내는데 『정치론』에서 이런 사유를 다시 다루게 된다. 『신학정치론』은 공화국에서 종교의 자유와 표현의 자유가 수행하는 본질적 역할과 관용에 대해 감동적으로 변론한 것이다.

『소론』, 『지성개선론』, 『데카르트 철학의 원리』, 『형이상학적 사유』

『신, 인간, 건강한 인간 영혼에 대한 소론』은 『에티카』의 준비 단계에 해당하는 책으로 볼 수 있다. 젊은 스피노자는 이 책에서 미래에 완성될 자신의 사유를 아직은 미숙하고 덜 세련된 방식으로 탐구한다. 『지성개선론』은 미완성의 책이다. 이 책에서 스피노자는 자신의 철학적 사명과 인식론을 보여준다. 『데카르트 철학의 원리』에서는 스피노자와 데카르트의 관계, 기학학적 방법의 구조를 보여준다. 주로 철학사를 연구하는 사람들이 일반 독자로 이 책에 큰 흥미를 보인다.

각종 해설서

질 들뢰즈Gilles Deleuze, 『스피노자: 실천 철학Spinoza: Philosophie pratique』
(Paris, Les Editions de Minuit, 1981)

용어 해설집 형식으로 쓰인 책. 특히 스피노자의 『에티카』 1부
를 읽는 데 가장 좋은 동반자가 된다.

파올로 크리스토폴리니Paolo Christofolini, 『스피노자, '에티카'로 가는 길
Spinoza, Chemins dans l' Ethique』(Paris, PUF, Collection Philosophies, 1998)

스피노자의 저서에 대한 가벼운 동시에 진지한 입문서. 이 책은
우리가 『에티카』를 처음부터 끝까지 차례대로 읽지 않아도 된
다는 것을 증명해준다. 그의 질문을 따라가다 보면 미로와 같은
이 책에 접근할 수 있는 적절한 도정을 볼 수 있다. 그렇게 해서
『에티카』는 다양한 면모를 담은 책이 된다.

질 들뢰즈, 『스피노자와 표현의 문제Spinoza et le problème de l'expression
pratique』(Paris, Les Editions de Minuit, 1969)

깊이 있는 연구를 원하는 이를 위한 책. 스피노자 철학에 대한
훌륭한 해설서다. 이 책은 여러 군데에서 20세기의 주요 사상가
들이 펼쳤던 당대의 위대한 철학 논쟁의 맥락 안에 스피노자를

두고 논의를 진행하기도 한다.

알렉상드르 마트롱Alexandre Matheron, 『스피노자 철학의 개인과 공동체|Individu et communauté chez Spinoza』(Les Editions de Minuit, 1988)

더 깊이 있는 연구를 원하는 이를 위한 책. 매우 가치 있는 대작이다. 이 책은 명제를 하나하나 짚어가며 자세하게 스피노자의 책을 분석하고 그의 형이상학과 정치철학의 관계를 심도 있게 설명한다. 흥미롭지만 어려운 책으로 실천과 이론의 관계를 다룬다.

안토니오 다마지오Antonio Damasio, 『스피노자는 옳았다: 기쁨, 슬픔, 정서의 뇌Spinoza avait raison: joie et tristesse, le cerveau des émotions』(Odile Jacob, 2008)

저명한 신경학자의 책으로 저자는 스피노자의 사유가 현대 신경생리학과 심리학에 매우 중요하다는 것을 보여준다.

옮긴이의 말

이 책은 매우 쉽게 쓰여 있다. 스피노자 철학을 처음 접하는 독자들을 이만큼이나 평이하고 쉽게 스피노자의 세계로 인도할 수 있는 책은 보기 드물 것이라고 생각한다. 매우 쉽고 정확하게 쓰인 책이지만, 그래도 여전히 스피노자 철학이 낯설고 어렵다고 생각할 독자들을 위해 여기에서 스피노자 철학의 독특한 일면과 이 책의 내용에 대해 간략하게 소개하고자 한다.

스피노자 철학은 쉽지 않다. 스피노자 연구서에서 종종 그를 이해하기 어렵다고 토로하는 학자들의 고백을 발견하게 된다. 스피노자 철학이 쉽지 않은 것은 그의 주된 저서로 이 책에서 주로 다루고 있는 『에티카』가 이야기하는 세계가 고도로 추상화되어 있고 낯설고도 엄밀한 기하학적 방법을 따라 논의를 이끌어가기 때문일 것이다.

그러나 스피노자 철학이 어렵게 느껴지는 것은 그가 사용하는 용어가 난해하고 방법론이 어렵기 때문만은 아닐 것이다. 그의 논의가 우리 상식을 크게 벗어나 있기 때문에 스피노자 철학이 난해한 것이 아닐까 생각한다. 정서와 자유의지에 대한 그의 독특한 주장이 대표적인 예가 될 것이다. 그는 사랑, 환희, 분노, 우울, 공포, 희망 등의 정서가 이성과 따로 존재하는 것이 아니라고 주장한다. 그가 보기에 우리 인간 세상을 정서와 분리해 이야기하는 것은 언어도단이다. 인간 세상은 정서의 세계다. 기쁨의 정서가 없다면 이성은 아무런 힘도 발휘하지 못한다. 정서 없는 이성은 다만 그림 속의 사자 같은 것일 뿐이다. 정서가 없다면 인간은 이성만으로 그 어느 것도 선택할 수 없고 어떤 행위도 할 수 없는 것이다. 오랫동안 사람들이 비합리적으로 생각하고 행동하는 것은 모두 정서에 휘둘리기 때문이라고 간주되었다. 따라서 합리적인 사람이란 정서에 휘둘리지 않는 무감하고 초연한 사람이라고 여겨져왔던 것이다. 그러나 스피노자의 논의를 따라가다 보면 정서와 이성 간의 경계가 매우 모호하다는 것이 분명해진다. 전통적으로 사람들이 이성을 정서와는 무관한 인간만의 능력이라고 생각해왔다는 사실에 비추어볼 때 스피노자의 이런 생각은 가히 혁명적이라고 할 수 있을 것이다.

그리고 전통적인 사유 방식에서 이성과 더불어 동물과 구분되는 인간의 고유한 특성이라고 생각해왔던 '자유의지' 역시 스피노자는 거부한다. 이뿐이겠는가? 선과 악에 대한 그의 생각 또한 상식의 허를 찌른다.

사람들은 인간이 동물과 다른 것은 인간이 자신의 의지로 삶의 조건과는 무관하게 삶의 여러 문제를 선택하고 행위를 할 수 있는 점이라고 생각해왔다. 배가 고파도 먹지 않을 수 있고 아파도 아프다는 말을 하지 않을 수 있으며 힘들어도 특정 목적을 위해 노력할 수 있는 것은 모두 인간의 자유로운 의지 때문이라고 말이다. 그런데 스피노자는 인간 또한 다른 여타 동물들과 같이 끝없이 그물망처럼 이어진 인과관계의 필연적 힘 안에 존재하고 있다고 생각했다. 그는 우리가 자유의지라고 느끼는 것은 외부 원인에 의해 결정되어 추동되는 '욕망'이라고 주장한다. 우리가 느끼는 욕망의 참된 원인을 모르기 때문에 그 원인이 바로 우리 자신이라고 착각해 인간이 '자유의지'를 가졌다고 잘난 척한다는 것이다. 예컨대 배가 고파도 눈앞의 음식을 먹지 않을 수 있는 것은 자유의지 때문이 아니라 다른 원인이 있기 때문이다. 자신의 자존심이 더 중요하기 때문이거나 다른 어떤 중요한 원인이 있기 때문이다. 자존심이나 다른 중요한 가치가 바로 식욕을 억제하게 하는 것이지 전적으로 자유로운 의지, 그 어느 것에도 매이지 않은 의지라는 것은 존재하지 않는다. 그리고 때로는 심지어 행위의 원인을 우리가 전혀 인식하지 못할 수도 있다. 우리는 종종 누군가가 싫기 때문에 매정하게 대할 때가 있다. 그 이유에 대해 바로 그 사람의 어떤 면 때문이라고 생각하기 쉽지만 사실은 머나먼 과거에 관계를 맺었던 그와 닮은 사람 때문일 수도 있는 것이다. 어찌 되었건 원인이 존재하지 않는 자유로운 의지, 선택 같은 것은 없다! 스피노자가 이 자유의지 대신 내세운 욕망의 일반적 성격 또한 파격적이다. 보통 욕망은 결핍을 채우려는 것에서 시작한다고 생각하지만, 스피노자는 그렇게 생각하지 않았다. 욕망은 곧 인간의 본질이다. 스피노자의 욕망은 결핍된 적이 없다. 욕망이 결핍된다는 것은 곧 그 인간이 존재하지 않는다는 것과 같기 때문이다. 욕망은 한 존재의 실존 자체다. 즉 욕망은 그가 존재하는 근거이자 그의 행위를 결정하는 것이지 결핍되거나 넘칠 수 없는 것이다. 저것을 하고 싶다고 생각하거나 저것을 해야 한다고 생각하는 것, 그래서 행위를 하는 것 자체가 바로 욕망이다. 우리는 행위를 하고 생각한다. 행위와 생각을 제외하면 우리가 살아 있다는 것을 증명할 방법이 없다. 그리고 모든 행위와 생각은 어떤 방향성을 갖는다. 그 행위와 생각이 바로 우리가 살아 있다는 것의 증거인 욕망의 표현이다.

선과 악에 대한 해석 또한 상식을 뛰어넘기는 마찬가지다. 사람들은 절대적으로 옳고 선한 것이 미리 존재하기 때문에 그에 비추어 인간의 행위를 옳고 그른 것으로 판별할 수 있다고 생각한다. 즉 인간의 행위 이전에 옳고 그른 것은 이미 존재하는 것이다. 아주 멀리 가보면 플라톤의 선의 이데아가 그런 예일 것이고, 매우 일상적으로는 현재 각종 종교가 가르치는 신의 말씀이 그런 예일 것이다. 그러나 스피노자는 이와는 반대로 행위의 잣대 혹은 기준이 미리 존재하는 것은 아니라고 주장한다. 우리에게 좋은 것이 선한 것이고 나쁜 것이 악한 것이다. 말하자면 타인에게 호의를 베푸는 것은 그 자체로 선하고 옳은 행위가 아니다. 타인에게 호의를 베풀면 그도 나에게 호의를 베풀 확률이 높을뿐더러 타인의 호의가 전혀 필요하지 않은 사람은 없기 때문에 호의는 선한 행위가 된 것일 뿐이다.

아마 이 모든 이야기가 그렇게 쉽게 마음에 와닿지 않을지도 모른다. 그만큼 우리의 오랜 믿음, 상식을 뛰어넘는 이야기를 이해하는 것은 매우 어렵다. 그러나 스피노자 철학은 그 새로움 때문에 이제까지와는 매우 다른 시각에서 우리 인간의 삶을 돌아보게 하고 숙고하게 해준다. 기존의 상식을 다른 면에서 성찰하게 도와주는 것, 그의 가치는 바로 이런 새로움에 있는 것이다. 이런 점에서 이 『비참한 날엔 스피노자』는 스피노자 철학을 처음 접하는 이들에게 매우 귀중한 책이 될 수 있을 것이라고 생각한다. 이 책의 서문에서 저자가 명확하게 밝히고 각 장이나 절 뒤에 이어지는 '짚고 넘어가기'에서 확인할 수 있듯이 이 책의 저자는 스피노자의 철학이 단지 이론에 그치는 철학이기를 원하지 않는다. 그는 스피노자 철학이 탁상공론에 머물지 않을 수 있다고 생각하며 현실과 괴리되지 않는 철학이라는 사실을 '짚고 넘어가기'를 통해 훌륭하게 증명해 보이고 있다. 스피노자 철학의 목적은 그가 『지성개선론』에서 밝힌 것처럼 순간적이고 헛되기 쉬운 기쁨, 세속적인 가치에서 벗어나 참되고 영원한 기쁨을 주는 대상을 찾아 그것을 누리는 데 있다. 이처럼 그의 철학은 우리의 실제 삶의 모습과 밀접한 관계가 있으며 따라서 실천적인 목적을 가진다. 이 책의 내용을 잘 읽고 '짚고 넘어가기'에서 제기되는 질문 사항이나 요청되는 행동을 따라해보면 실제 우리 삶과 스피노자 철학이 서로 괴리된 것이 아니란 사실을 깨닫게 될 것이다.

그런데 이 책의 덕목은 스피노자 철학을 일상생활에 잘 적용시켜 문제 해결에 도움을 준다는 데 있는 것만은 아닌 듯하다. 특히 현재 우리나라의 경우처럼 스피노자 철학에 대한 관심은 높아지고 있지만 초심자가 스피노자에게 쉽게 접근할 수 있도록 도와줄 만한 책이 거의 전무한 상황에서는 더욱 그러하다.

이 책의 가치는 스피노자 철학, 특히 그의 주된 저서이자 대작인 『에티카』의 핵심을 매우 쉽게, 그러나 적확하게 설명해준다는 점에 있다. 이 책에는 『에티카』에 등장하는 실체, 속성, 양태, 무한과 같은 난해하기 이를 데 없는 스피노자의 용어가 중심에 등장하지 않는다. 이런 단어를 이해하는 것이 스피노자 철학을 이해하는 데 필요 없기 때문이 아니다. 다만 초심자가 이런 단어를 먼저 접하는 것은 스피노자 철학의 뼈대를 이해하는 데 도움을 주기는커녕 영원히 스피노자에게서 도망을 치게 만들 수 있다.

이 책은 우리 실제 생활을 그대로 설명해주는 정서의 문제를 다루는 『에티카』 3부의 내용에서 먼저 출발한다. 대상에 대한 좋고 싫음의 감정, 말하자면 사랑이 우리 정서의 근본 문제라는 것에서 시작해 정서의 여러 문제를 다룬다. 스피노자는 정서와 우리 삶은 어떤 경우에도 분리해 생각할 수 없다고 생각했다. 이 책에 나와 있다시피 스피노자의 정서는 무작위적이거나 제멋대로 일어났다 이유 없이 사라지는 것이 아니다. 정서는 그 나름의 운동 법칙에 따라 생겨나고 움직인다. 정서 운동의 가장 일반적이고 중요한 법칙은 우리가 자신에게 기쁨을 주는 것을 원하고 슬픔을 주는 것은 기피한다는 것이다. 그리고 주요 원리로 정서의 동요, 정서의 모방, 상반성의 원리 등이 제시된다. 우리는 동일한 대상에서 상반되는 두 가지 감정을 동시에 느끼고 동요할 수 있으며, 마치 내 것인 듯 모방해 타인의 감정에 빠져들 수도 있다. 그리고 타인의 정서적 지지는 매우 자주 내 판단이나 행위가 옳다는 증거로 활용되기도 한다. 우리가 정서에 자주 속는 것은 정서가 의식 밖의 법칙에 따라 생겨나고 강화되며 사라지기 때문이다. 그러나 동시에 정서가 이런 여러 법칙에 따라 운동한다는 것을 알게 되면 우리를 속이는 정서의 참 모습을 이해할 수 있으며 결과적으로는 우리 자신에 대해 더 잘 이해할 수 있는 것이다. 이미 말했듯이 정서가 없다면 우리는 아무것도 판단하거나 행위를 할 수 없다. 정서는 우리를 잘 속인다는 문제를 안고 있다. 그러나 그것을 이해하는 것이 불가능하지 않음을 깨닫게 해준다. 이 책은 우리 삶의 구체적인 일상인 정서적 삶에서 논의를 시작함으로써 한층 더 쉽게 스피노자에게 접근할 수 있도록 도와주는 것이다.

그리고 이 책의 2, 3장에서는 『에티카』 1, 2, 4부에 해당하는 내용을 단순하지만 정확하게 다룬다. 즉 '신'과 '정신의 본성'에 대한 스피노자의 이론이 여기에 등장한다. 저자는 매우 쉽게 스피노자의 신에 대한 관점과 신의 양상에 따르는 세계의 필연성에 대해 설명한다. 사실 『에티카』 1부는 초학자가 접근하기 어려울 정도로 난해한 내용으로 가득 차 있다. 우선 결론부터 말하자면 스피노자에게 이 세계는 곧 신이다. 즉 "신은 곧 자연이다. 그와 반대로 이 자연이 신이다!" 저자는 이런 결론에 이르기까지 스피노자가 난해하게 전개한 논리적 증명 과정을 생략한다. 초학자에게 난해한 스피노자의 "신, 즉 자연"을 이해하는 것은 스피노자 체계를 먼저 이해하고 난 다음에 알아도 되는 문제라고 생각하는 것 같다. 나 역시 이런 판단에 동의한다. 일단 우리가 이 단계에서 반드시 알아야만 하는 것은 신에 대한 통상적인 이해가 논리적으로 모순된다는 사실이다. 통상 우리는 신을 인간의 모습을 한 전지전능한 인격체로 상상한다. 그는 인간처럼 기쁨과 슬픔을 느끼고 세계의 모습을 바꿀 수 있으며 인간의 행동에 따라 축복을 내릴 수도 벌을 줄 수도 있는 존재인 것이다. 그러나 스피노자는 이런 전통적인 신에 대한 관점에 반기를 든다. 신은 절대적으로 무한하고 절대적으로 완전한 존재다. 절대적으로 완전하다는 것은 아무것도 부족한 것이 없다는 뜻이다. 아무것도 부족한 것이 없기에 그는 어떤 것도 요구하지 않는다. 반대로 만일 신이 무엇인가를 요구하거나 필요로 한다면 그것은 곧 신이 완전하지 않다는 증거가 될 것이다. 그리고 신은 아무것도 요구하거나 필요로 하지 않기 때문에 변화하지도 않는다. 무엇인가를 요구하고 그것이 채워진다면 그 신은 이전의 신이 아닌 다른 신이 될 것이기 때문이다. 이와 마찬가지로 그런 완전한 신이 만든(엄밀히 말해 스피노자의 신은 이 세계 자체이지 이 세계를 창조한 이는 아니지만) 이 세계 또한 완전한 세계다. 절대적으로 완전한 신이 만드는 것은 다 완전하다. 절대적으로 완전해 오직 선한 신이 결핍된 것, 부족한 것을 창조해낼 이유가 있을까를 생각해보라.

신은 어떤 경우에도 네모난 삼각형 같은 것은 만들지 않는다. 세 변과 세 각을 가진 삼각형만이 삼각형이고 삼각형은 삼각형으로서 완전하듯이 신은 오직 필연적이고 그 자체로 완전한 것만을 창조했다. 우리 인간은 유한자라는 한계가 있긴 하지만 유한하면 유한한 대로 각기 완전한 존재이며 이 무한한 우주의 완전한 필연성에 속해 있기는 매한가지다. 신이 다른 것이 될 수 없는 것처럼 인간 또한 이미 자신과 전혀 다른 무엇이 될 수는 없다. 인간은 신이 만든 이 아름답고 완전한 세계의 한 연결고리로 존재하며 자신에게 이미 주어진 본성 안에서 덜 완전하거나 혹은 더 완전한 존재가 될 수 있을 뿐이다. 당신은 당신에게 주어진 재능과 능력 안에 존재하며 그 능력을 얼마나 더 개발하고 만개시킬 수 있는가 하는 문제가 관건인 것이다. 이 세계에 우연은 없고 우리는 다른 여타 사물과 맺는 관계 속에 존재한다. 우연은 없기 때문에 우리는 이 세계를 이해할 수 있고 세계에 대한 이해가 넓고 깊어질수록 환경을 우리 자신의 능력을 개발하는 데 이용할 수 있게 되는 것이다. 세계가 필연적이라는 사실은 우리를 불행하게 만드는 것이 아니라 오히려 우리를 더 행복하게 만든다.

이제 우리 자신이 필연성의 그물에서 벗어난 자유로운 존재라는 착각에서 빠져나와야 한다. 우리 자신이 자유롭다고 생각하면 자신을 닦달하고 자책하는 일로 시간을 때우기 쉽다. 우리가 자신을 자유롭다고 믿지 않더라도 우리는 더 나은 존재가 될 수 있다. 우리에게는 더 나은 존재가 되고 싶고 더 강한 힘을 가지고 싶어 하는 '욕망'이 있기 때문이다. 주변 환경을 이해하고 이해하라. 하여 그 이해에 기반을 두고 조건과 만남을 우리에게 진정 기쁨을 주는 것으로 만들도록 노력해야 한다. 스피노자는 나 자신과 환경에 대한 적합한 이해, 합리적 이성지에는 항상 변치 않는 항상적 기쁨이 따른다고 생각했다. 어떤 환경이나 낯선 사람을 접했을 때 그런 만남이 항상적 기쁨을 준다면 그 대상과 나는 제대로 만나고 있는 것이다. 반대로 슬픔을 느낀다면 그 슬픔은 내가 그 대상과 제대로 만나고 있지 않다는 증거가 된다. 감정에 휘둘려서는 안 되지만 감정을 무시해서도 안 된다. 자신의 감정을 잘 들여다보고 감정의 실체가 무엇인지 숙고해야 하는 것이다.

이 책의 4장은 역시 난해하기로 정평이 난 『에티카』 5부를 설명하고 있다. 어렵기 그지없는 내용을 참으로 이해하기 쉽게 잘 설명하고 있어 번역을 하면서도 고개를 끄덕일 수밖에 없었다. 스피노자의 '불변의 기쁨', '영원한 사랑'이 어떤 종류의 것인가를 어렴풋이 이해하게 해준다. 그것은 우리 자신의 유용성이나 사물의 유용성 따위와는 무관하게 세계 안에 존재함 그 자체에서 느끼는 평화로운 기쁨이다. 전체와 보편에서 나의 특수성을 발견하는 일이기도 하다.

이 책이 스피노자를 처음 접하는 이들에게 소중하게 활용될 수 있을 것이라고 믿는다. '짚고 넘어가기' 또한 스피노자의 이론을 실제 삶과 연결시키는 데 머물지 않고 그의 철학을 조금 더 잘 이해하는 데 도움이 되는 질문과 제안으로 이루어져 있다. 이 책을 통해 난해할 뿐 아니라 일견 매우 추상적인 것으로 다가오는 스피노자 철학이 우리 삶과 동떨어져 있지 않다는 사실이 입증되기를 희망한다.

이지영

비참한 날엔 스피노자

ⓒ 발타자르 토마스, 2018

초   판 1쇄 발행일 2013년 7월 15일
개정판 3쇄 발행일 2022년 6월 15일

지은이   발타자르 토마스
옮긴이   이지영
펴낸이   정은영

펴낸곳   (주)자음과모음
출판등록   2001년 11월 28일 제2001-000259호
주소   10881 경기도 파주시 회동길 325-20
전화   편집부 (02)324-2347, 경영지원부 (02)325-6047
팩스   편집부 (02)324-2348, 경영지원부 (02)2648-1311
이메일   inmun@jamobook.com

ISBN 978-89-544-3865-0 (04160)
     978-89-544-3869-8 (set)

이 도서의 국립중앙도서관 출판예정도서목록(CIP)은 서지정보유통지원시스템 홈페이지
(http://seoji.nl.go.kr)와 국가자료공동목록시스템(http://www.nl.go.kr/kolisnet)에서
이용하실 수 있습니다.(CIP제어번호: CIP2018011252)